42,195

Dados Internacionais de Catalogação na Publicação (CIP)
(Câmara Brasileira do Livro, SP, Brasil)

Abrão Júnior, Fauzer Simão
    42,195 : A Maratona de desafios que superei
nos meus 42 anos e 195 dias de vida por meio da
corrida! / Fauzer Simão Abrão Júnior ;
coordenação editorial : Alexandre F. Machado. --
1. ed. -- São Paulo : Ícone, 2011.

    ISBN 978-85-274-1168-4

    1. Abrão Júnior, Fauzer Simão 2. Conduta de
vida 3. Corrida a pé 4. Corridas de longa
distância 5. Maratonas - Corridas 6. Realização
pessoal 7. Saúde - Promoção I. Machado, Alexandre
F.. II. Título. III. Título: A maratona de
desafios que superei nos meus 42 anos e 195 dias
de vida por meio da corrida!.

11-00649   CDD-796.425

Índices para catálogo sistemático:

1. Maratona : Corridas : Esportes   796.425

Fauzer Simão Abrão Júnior

42,195

A Maratona de desafios que superei nos meus 42 anos e 195 dias de vida por meio da corrida!

Ícone editora

Coordenação editorial
Alexandre F. Machado

1ª edição | Brasil 2011

© Copyright 2011
Ícone Editora Ltda.

42,195

Coordenação editorial
Alexandre F. Machado

Revisão
Saulo C. Rêgo Barros
Marsely De Marco Dantas

Design de capa
MTZ Soluções Gráficas

Design de miolo, diagramação e adaptação de capa
Richard Veiga

Proibida a reprodução total ou parcial desta obra, de qualquer forma ou meio eletrônico, mecânico, inclusive por meio de processos xerográficos, sem permissão expressa do editor (Lei nº 9.610/98).

Todos os direitos reservados para:
ÍCONE EDITORA LTDA.
Rua Anhanguera, 56 — Barra Funda
CEP: 01135-000 — São Paulo/SP
Fone/Fax.: (11) 3392-7771
www.iconeeditora.com.br
iconevendas@iconeeditora.com.br

Dedicatória Especial

(in memoriam)

Faço uma especial dedicatória aos dois homens que
mais me inspiram na vida, por seus princípios,
por seu trabalho, por sua força, por sua luta e,
principalmente, por terem me ensinado que
não devemos nunca deixar de lutar:
Fauzer Simão Abrão, e
Apolo Bottini Natal

Dedicatória

Este livro é dedicado à "equipe" titular da minha vida,
que durante todos esses anos sempre esteve ao meu lado,
ajudando-me, confortando-me, incentivando-me
e sendo a principal fonte de energia e ânimo
para tudo que eu faço. Amo vocês:
Patrícia Bottini Abrão,
Paola Bottini Abrão,
Alexandre Bottini Abrão.

Agradecimento

Adriano Bastos Treinamento Esportivo

Sobre o Autor

Fauzer Simão Abrão Júnior nasceu em 21 de maio de 1968, em São Paulo-SP.

Em 1991 formou-se Piloto Comercial homologado para voo por Instrumentos pelo Aeroclube de São Paulo.

Formou-se em Engenharia Eletrônica pela Escola de Engenharia Mauá no ano de 1993, e como projeto de formatura uniu a engenharia e a aeronáutica, criando um programa para computadores que hoje pode ser visto como um GPS aeronáutico; completou seu *Executive* MBA pela BSP – *Business School São Paulo* em 2002.

Sempre interessado por cultura geral, fala inglês, francês e espanhol, o que lhe abriu portas em sua vida profissional, em empresas multinacionais.

Iniciou a carreira profissional como Engenheiro de Sistemas, especializando-se em Infraestrutura de Redes. Após alguns anos passou a trabalhar nas áreas de Vendas, *Marketing* e relacionamento com clientes.

Sempre foi apaixonado por esportes, tendo praticado muitas modalidades, destacando-se o futebol em que chegou a ser capitão da equipe *Taiúva Brasil* que excursionou pela Escandinávia em 1987, disputando torneios amadores.

Jogar futebol aos sábados à tarde e durante a semana era uma constante até quebrar o braço pela última vez, o que o fez mudar o foco do esporte e buscar novas opções: em 1999 tirou o certificado de Mergulhador e, a partir de 2005, ingressou no mundo das Corridas de Rua. Casado desde 1995, tem dois filhos que incentiva constantemente a praticar esportes, e (por que não?) a correr com ele.

Durante 21 anos tem realizado ações sociais em um orfanato para 200 crianças e em um asilo para 60 idosos, em conjunto com um grupo de amigos fiéis.

Acompanha assiduamente seu time do coração, o Corinthians, pelos últimos 42 anos e 195 dias de sua vida.

Pode ser visto no mínimo duas vezes por semana correndo na USP ou pelas ruas da região em que mora, ouvindo suas músicas prediletas e embora a aparência relaxada e a postura da corrida digam o contrário, a cabeça está a mil por hora, pensando no trabalho, na família ou nos próximos desafios a serem batidos...

Apresentação

Em 2006, certo dia me ligou uma pessoa chamada Fauzer, querendo marcar uma entrevista comigo para o *site* de sua equipe de corrida, lá ele contaria toda minha história e trajetória no esporte para aqueles que acompanham minha carreira. Nosso primeiro encontro foi dias depois, numa pizzaria para a tal entrevista. Como ainda não o conhecia pessoalmente e pelo tanto que mostrou conhecer minha história ao conversarmos por telefone, imaginava alguém bem diferente daquele gordinho que se apresentara a mim. Durante a entrevista acabei conhecendo melhor um pouco da sua vida e, para minha grande surpresa e espanto, aquele gordinho de aproximadamente 1,70m e pesando 110kg era um apaixonado por corrida e mesmo com aquele físico nada favorável, o cara corria provas de 10km, meia maratona e maratonas.

Terminada a entrevista e postada no *site*, semanas depois o vi se aproximando de mim em um de nossos treinos da assessoria esportiva na USP. Conversamos, ele falou de suas metas na corrida e que estava precisando iniciar um treinamento mais sério e correto. A partir daquele dia me tornei seu primeiro treinador e passei a conhecê-lo cada vez mais. Logo de início me impressionou sua força de vontade nos treinos e o objetivo de participar de maratonas mesmo com aquele grande excesso de peso. Sempre no seu ritmo, sem nunca se preocupar com o ritmo dos outros, mas sempre exigindo uma superação única.

Queria a todo custo melhorar seus tempos e sua evolução foi muito rápida, tamanha era sua dedicação. No seu jeito de ser, era todo tímido, um pouco encabulado, como quem se achava um patinho feio no meio de tantos corredores mais velozes e experientes, mas sem nunca desistir de suas metas. Minha atitude era sempre a de motivá-lo e estimulá-lo para que se sentisse aceito como qualquer outro aluno. Reduzir a obesidade, dificuldade não muito antiga, era um desafio autodeclarado. Após alguns meses de treinos, a redução de peso se fez visível, de forma contínua, por cerca de um ano. Com incontestável satisfação participou da Maratona Internacional de São Paulo de 2007 (42,2km) e saboreou uma redução de 10 minutos no seu tempo. Semanas depois, participou de uma prova de 10km e fez novamente um ótimo tempo, fazendo o seu segundo melhor tempo também nesta distância desde que havia começado a correr.

Após o término da competição, começou nova provação. Após completar a prova, voltou no sentido contrário para encontrar e dar força a um amigo de equipe que ainda não havia completado a prova. Nos primeiros metros, ao descer um degrau de calçada, torceu o pé gravemente, deixando-o afastado das corridas por um bom tempo. Após se recuperar do acidente, nas várias retomadas aos treinos seguiram-se diversas lesões e uma interrupção definitiva e longa nos treinos. O aumento de peso veio sem demora. Era momento de paciência, precisava cuidar da lesão, pois profissionalmente ele não dependia da corrida, que era apenas seu *hobby* e momento de lazer, era a minha argumentação como forma de tranquilizá-lo. Dizia para ele encarar aquilo como um descanso forçado que o corpo dele já pedia há muito tempo, depois de tanto esforço seguido, e que quando voltasse aos treinos, voltaria muito melhor que antes. No período de recuperação, ocorreu mais um percalço. Perdeu seu emprego, de forma repentina, numa empresa multinacional em que ocupava um elevado cargo, era uma maré de azar com coisas ruins acontecendo uma atrás da outra. Mesmo assim continuou treinando. Inclusive, no dia em que recebeu a terrível notícia da demissão, fui o primeiro a saber: ele foi ao treino, contou o que tinha acontecido e uma de suas preocupações naquele momento era o fato de que desempregado não poderia mais arcar com o valor da mensalidade da assessoria, uma vez que teria outras prioridades enquanto estivesse naquela situação, como por exemplo a escola dos filhos.

Fauzer já tinha me cativado e num certo sentido era meio que meu mascote. Por conta do convívio e amizade que já tínhamos formado, ofereci seu treinamento como cortesia, sem que ele tivesse que pagar a mensalidade até que arrumasse um novo emprego, o que nos aproximou ainda mais. Porém, pouco tempo depois, dores nos joelhos, tornozelos e tendões culminaram em uma cirurgia e novo afastamento. Seguiu-se uma etapa de dedicação a novos projetos profissionais e com isso ficou afastado por um ano dos treinos e acabamos perdendo um pouco o contato.

De repente, no final de 2008, recebo sua ligação dizendo que faria uma cirurgia de redução do estômago e que em breve eu conheceria um novo Fauzer. Voltamos a nos encontrar em março de 2009 e a perda de peso era impressionantemente visível. Testemunhávamos um Fauzer que havia reduzido seu peso de 117 para 80kg. Ao final do ano de 2009, ao completar a São Silvestre mais uma vez e animado com as novas possibilidades, ele anunciou que sua meta era participar da Maratona Internacional de São Paulo em 2010 e que novamente contava com minha ajuda para alcançar seu objetivo. Tinha apenas quatro meses para prepará-lo, era uma corrida contra o tempo e uma retomada do nível zero. Era como se pegasse uma pessoa sedentária e fizesse com que ela corresse uma maratona em apenas 4 meses de treinos. De forma gradativa e lenta seu treino foi voltando ao normal. Lembro-me de ter de mantê-lo fiel ao seu objetivo por muitas vezes. Num de seus treinos longos de quatro horas, num sábado, após três horas de treino, num dia de calor intenso e com a USP já vazia, eram 11h40 da manhã, e com uma crise de falta de confiança, ele disse que não dava mais, que queria parar por ali. Minha resposta foi: "Homem, você já correu três horas, o que é só mais uma horinha..., vamos em frente...".

Na segunda-feira ele me ligou agradecendo por eu não ter me comovido com sua lamentação no sábado ao querer parar e por ter insistido que ele continuasse o treino, pois ele conseguiu completar o treino e estava se sentindo mais confiante do que nunca para a maratona, tanto que na semana seguinte participou da meia maratona da Corpore, obtendo seu melhor tempo até então, o que foi muito animador para nós dois. Três semanas depois lá estava ele participando da maratona de 2010. No km 26, novamente mais um momento de desânimo ao ver que seu rendimento estava começando a piorar em relação ao planejado, e novamente me ouvi dizendo: "Vamos em frente..., vamos em frente! Depois de tudo que você passou, o que você menos precisa se preocupar é com o tempo de conclusão da prova, só o fato de completar a prova já será fantástico, será mais que uma volta por cima". Depois disso, outro amigo o acompanhou até o final e Fauzer novamente baixou seu tempo de maratona, foi a volta por cima em grande estilo, uma atitude de guerreiro demonstrada por ele.

Como a vida tem suas peças, algumas semanas após a maratona de 2010, uma infecção causada por uma bactéria, gerou uma toxina nefrotóxica que lhe causou uma forte infecção intestinal. Um diagnóstico errado paralisou seus rins. Três semanas de hemodiálise e enormes incertezas. O pessoal da assessoria mobilizou-se para visitá-lo, confortá-lo e doar sangue diariamente. Felizmente os rins voltaram a operar e nova fase de recuperação agora se desenrola.

Como treinador, posso dizer que cada desafio superado por um aluno, seja pequeno, seja grande, traz enorme satisfação e realização a todos nós, treinadores e alunos. O limite superado no esporte contamina outros aspectos da vida, testemunhamos com frequência a melhora na qualidade de vida de nossos alunos como um todo, sua rotina profissional e familiar fica mais alegre, mais produtiva e sem estresse, que é todo descarregado na corrida.

Este exemplo do Fauzer não foge à regra e, ao mesmo tempo, é único. Acredito que seus objetivos alcançados no esporte transformam outras dimensões de sua vida, seja graças ao bem-estar mental, seja em disposição para o trabalho, seja no relacionamento com familiares e no seu frequente senso de humor.

Certa vez, uma câimbra no km 31 de uma maratona me levou para o sétimo lugar, no km 37 a câimbra cedeu, voltei ao meu ritmo, ultrapassei todos os adversários e terminei a prova em segundo lugar, apenas três segundos atrás do queniano que a venceu e que teve de fazer muita força para que eu não o ultrapassasse no final. Explico: por mais desanimado que esteja se sentindo com a situação momentânea, não desista, o caminho que resta não é tão previsível assim como imaginamos.

Vejo, neste relato do Fauzer, um pouco do que digo muitas vezes internamente, "não desista nunca, pois a verdadeira competição só termina na linha de chegada. Até ela, tudo pode acontecer e mudar".

Adriano Bastos

Depoimento

"Superação" significa transposição de um obstáculo ou desafio; ser superior é passar por cima de, galgar, exceder, vencer, ultrapassar.

Conhecemos mais de perto o Fauzer, quando fomos entrevistados por ele, para o site *"Playteam"*, especializado em corrida de rua. Percebemos de imediato a sua paixão pelo esporte e especialmente por corridas.

Como atletas que fomos, tivemos o orgulho de conquistar títulos importantes para o Esporte Brasileiro. Para conquistarmos tais vitórias, foi preciso muito treino, vontade, superação. As conquistas foram frutos de um longo trabalho, envolvendo vários profissionais por muitos anos de preparação. A sensação de chegar ao objetivo traçado, de conquistar o lugar mais alto do pódio é indescritível, pois representa tudo que um dia foi sonho e naquele momento se tornou realidade.

O amigo Fauzer conquistou sua grande vitória, o maior título que um ser humano almeja... Maior do que conquistar títulos, vitórias, de ser campeão... O de ser feliz e essa difícil conquista ocorreu por meio do Esporte.

Em todos os momentos de sua vida, descritos neste livro, em que teve de transpor desafios, sua vontade e dedicação foi tanta quanto a de um grande atleta. Sua obstinação pela conquista, mesmo sem estar preparado, o fizeram um grande vencedor...

Um vencedor, um exemplo de que o ser humano pode alcançar o que almeja, por mais longe que possa parecer estar.

Para nós, ele é um grande atleta, com muitas vitórias, poderíamos dizer que o Fauzer é um "Campeão da Vida".

José João da Silva
Renato José Elias

Prefácio

Este livro é um relato autobiográfico de um atleta como qualquer um de nós, em busca de saúde, de autoconhecimento e do prazer de correr longas distâncias.

Nessa busca ocorreram percalços e na esteira de eventos que os sucederam revelou-se o poder que temos de modificar realidades que nos desagradam, mas também nossa impotência diante de algumas situações. Uma torção de pé pode desencadear a tomada de decisões de grande magnitude. E tornar-se maratonista depois de pesar 115kg é sem dúvida uma manifestação desse poder transformador. É rito de passagem, não tem volta.

A linguagem é direta e factual, mas engana-se quem espera encontrar uma mensagem simples de otimismo. O relato é genuíno e franco, mostra os medos e o processo não retilíneo com o qual tomamos decisões. Permeia todo o texto um leve senso de humor, que não se impõe, mas que, de repente, pode provocar uma gargalhada. Tudo vem misturado, virtudes como perseverança e capacidade de solidariedade, junto com frustrações, e revolta, como ao constatar um erro médico.

A narrativa é cheia de detalhes, o compromisso do autor parece ser com uma realidade cheia de facetas. Uma imagem do Prof. Nilson Machado me vem à mente, "a realidade em certo instante é como a intersecção de muitos planos, cada plano descreve uma realidade, mas é o conjunto das descrições de cada plano que mais bem representa a realidade". Há, de um lado, a genética que herdamos. Há o conhecimento de especialistas em nutrição, fisioterapia, educação física e medicina. Há o desejo de superação e o desejo de viver o suficiente para ver os filhos crescer. Existem verdadeiras comunidades em torno do esporte, formadas em torno de sábios instrutores. Sente-se a presença da esposa, mulher companheira e sábia, ajudando na tomada de decisões, firme nas horas difíceis.

Cada plano permite ao leitor se debruçar sobre um aspecto diferente, ver motivações profundas de um ser humano procurando uma maneira de interromper um ciclo que contém todas as consequências nefastas que a obesidade excessiva pode trazer ou ver o desejo, longínquo, de tornar-se um maratonista concretizar-se.

Quem quiser contemplar esse processo de vir a ser um maratonista, tendo acesso a pensamentos e emoções do autor e a relatos de gestos de desprendimento encontrará belas e não pasteurizadas imagens neste relato.

Raul Gonzalez Lima
Professor Livre Docente da Escola Politécnica da USP

Sumário

Introdução, 23

Capítulo 1   **Meu Início**, 31

Capítulo 2   **A Caminho do Primeiro Grande Objetivo**, 39

Capítulo 3   **A Lenda do Urso**, 47

Capítulo 4   **É aqui que se separaram os Homens das Crianças!**, 55

Capítulo 5   **A primeira Meia, depois da Inteira**, 67

Capítulo 6   **Correndo uma Maratona dentro de uma Sauna**, 73

Capítulo 7   **Um desafio após o outro**, 83

Capítulo 8   **Uma lição de planejamento e trabalho em equipe**, 97

Capítulo 9   **A Primeira de Algumas Quedas**, 105

Capítulo 10   **600 Dias**, 113

Capítulo 11   **Acelerando ladeira acima**, 127

Capítulo 12   **Uma equipe de primeira linha**, 137

Capítulo 13   **A Tríplice Coroa**, 149

Capítulo 14   **A vida no Cara e Coroa**, 161

Capítulo 15   **42,195**, 173

Minhas Referências, 179

Introdução

Era Julho do ano 2000.

A defesa do meu time rebate a bola que vai em direção ao gol adversário e saio para o contra-ataque. Dou um "pique" de uns 50 metros para alcançar a bola, já me programando para encher o pé de esquerda, e bater de primeira direto para o gol.

Eis que Luís, Diretor de *Marketing* da empresa em que eu trabalhava, estrategicamente posicionado como zagueiro do time adversário, vem em minha direção com a intenção de interceptar meu chute. Na hora do chute, ele dá um carrinho e erra a bola. Vem direto em cima de mim e como eu estava em velocidade, desabo para a frente, dando uma pirueta digna de ginástica artística e não de futebol, caindo com meus "sutis" 105kg sobre meu braço esquerdo.

Numa fração de segundos me encontro estatelado no chão, sem sentir o braço por um momento, com a sensação de estar adormecido. Todos vêm ao meu encontro e formam um círculo em torno de mim, preocupados com a pirueta presenciada.

Luís vem se desculpar pelo lance, mas não precisava se preocupar. Ele era reconhecidamente um bom sujeito, de boa índole, alguém que jamais imaginaríamos ter feito aquilo por maldade.

Digo para não se preocupar e saio de campo com o braço imóvel, sem conseguir dizer ao certo o que estava sentindo. É nisso que dá jogar futebol com os colegas de empresa. Fazíamos isso todas as terças-feiras à noite, próximo ao escritório. Muitos de nós jogávamos bem, mas futebol amador é isso mesmo. Nem sempre sabemos nos proteger, caímos de mau jeito e muitas vezes entramos em divididas atabalhoadamente.

A vida inteira fui apaixonado por esportes. Aprendi no colégio que estudei, durante minha infância e adolescência toda, a gostar de várias modalidades: futebol, vôlei, basquete, handebol, entre outros. Fui bicampeão de "Futebol de Mesa" representando o colégio nos jogos mirins interescolares em 1981 e 1982.

Em 1987, fui capitão do "Taiúva Brasil", célebre time de futebol criado pelo nosso "lorde" Moacir, do Rotary Clube de São Paulo em excursão à Europa, disputando 4 torneios na Escandinávia, entre eles a *Dana Cup* em Copenhagen, a *Gothia Cup* em Gotemburgo, e a *Finish Cup* em Helsinque. Esses torneios eram para jovens até 18 anos. Eu tinha acabado de completar 19 anos um mês antes da viagem, é verdade. Eu era "gato", como se fala no jargão futebolístico. Mas não fomos com pretensão de ganhar nenhum campeonato. Fomos para jogar futebol e nos divertir durante os 40 dias que rodamos pela Europa.

Durante toda a vida pratiquei esportes, principalmente o futebol, minha paixão. Pelo menos até aquela noite de julho de 2000.

Voltei para casa dirigindo o carro com um braço só. Ainda meio anestesiado pela adrenalina do jogo e do lance. Cheguei em casa já sem poder mexer direito o braço, mas só pensava em minimizar o problema para minha esposa, Patrícia. Ela estava grávida de 8 meses de nossa primeira filha. Em dezembro de 1999, então com 1 mês de gravidez, ela havia tido um sangramento e foi impedida de dirigir. Dessa forma, acabei estendendo o prazo e, mesmo ela tendo liberação para retomar o volante, acabei sendo o motorista da família pelos 8 meses seguintes. Quando entrei em casa, ela percebeu que havia algo esquisito em minha cara. De cara, perguntou:

— O que houve?

— Não foi nada não. Apenas caí, mas vou tomar um banho e logo logo passa. Amanhã estarei novo – respondi sem acreditar em mim mesmo.

Foi uma das piores noites da minha vida. Passei a noite acordado, andando pela casa e tomando analgésicos. Quando voltava para a cama não encontrava posição para o braço e não conseguia dormir. Na manhã seguinte, fui obrigado a me render à situação. Estava tão possuído pela dor, que durante o café da manhã precisei falar a verdade. Comecei a chorar de tanta dor e pedi à Patrícia que me levasse ao hospital, pois não estava aguentando mais.

Após 8 meses, e com uma barriga enorme de final de gravidez, lá estava ela dirigindo o carro e me levando para o hospital para, após um raio X e uma tomografia, descobrir que estava com o braço quebrado, próximo ao cotovelo, voltando para casa com o braço engessado. À tarde, fui ao meu ortopedista particular, o Dr. Osny, para confirmar o estrago no braço.

Porém, pelos três dias seguintes a dor não passava. Apesar de já estar com o braço imobilizado e medicado, não deixava de sentir uma forte dor no braço. Não conseguia dizer de onde vinha a dor, pois ela já irradiava por todo o braço. No terceiro dia, estava eu na minha mesa do escritório, praticamente deitado sobre o *notebook*, quando toca meu telefone. Era do hospital, dizendo:

— Sr. Fauzer, boa-tarde. Aqui é do hospital. O Sr. se incomodaria em voltar aqui para realizar uma Ressonância Magnética em seu braço? Pode vir a hora que quiser que assim que o senhor chegar o passaremos na frente de todos.

— Que brincadeira é essa? – disse eu.

— É que estávamos analisando melhor sua tomografia e temos uma suspeita de uma segunda fratura em seu braço. Mas fique tranquilo que daremos prioridade de atendimento ao senhor.

Aí se explicava a dor que não passava. Voltei ao hospital, xingando todo mundo, pois já estava me sentindo um animal selvagem de raiva tamanha a dor que me atormentava há 3 dias. Tirei o gesso, precisei me contorcer para entrar na máquina de ressonância magnética, fiz o exame e por fim identificaram uma segunda fratura no meu pulso.

Reengessaram meu braço, porém, com o pulso em posição diferente.

O primeiro gesso forçava o pulso no sentido contrário ao da fratura, forçando o osso e me causando aquela dor insuportável. No dia seguinte, a dor tinha "milagrosamente" diminuído.

O excesso de atenção dispensada pelo hospital a mim, devia-se à preocupação deles que eu os processasse por erro médico e negligência no primeiro diagnóstico.

Foi certamente uma das semanas mais "doloridas" da minha vida. Como consequência, fiz uma promessa: Nunca mais jogaria futebol na minha vida!

Fiquei decepcionado, pois a situação forçou com que a Patrícia voltasse a dirigir no oitavo mês de gravidez após toda a cautela que tivemos durante todos os meses anteriores. Além disso, me assustava a possibilidade de não poder carregar minha filha no colo quando ela nascesse, por causa das fraturas. Tudo isso pesou demais e fiz a promessa. Não jogaria mais futebol: minhas chuteiras ainda ficaram no fundo do armário por mais dois anos, até que eu criasse coragem de me desfazer delas.

Mas, enfim foram embora.

Me recuperei, minha filha nasceu, carreguei-a no colo e a vida continuou.

Porém, surgiram dois problemas: perdi minha referência no esporte, pois futebol era meu esporte.

Fiquei anos sem praticar nenhum esporte.

Até o Futebol de Botão eu não jogava mais.

O segundo problema foi consequência disso, pulei dos 105kg facilmente para os 115kg. Engordei muito, meu colesterol foi para as alturas e todos os problemas associados ao excesso de peso começaram a surgir.

Em 2002 meus irmãos começaram a correr, conheceram a Corpore e a JJS e passaram a participar de corridas de 5, 6, 8km. Sempre que me encontravam, diziam-me que eu deveria começar a correr, praticar esporte, participar das corridas, que era muito bom e que eu gostaria bastante. Eu ficava chateado com a cobrança e cheguei a pegar até uma certa antipatia pelas corridas. Ficava incomodado com a "pressão" que faziam, até que um dia tive uma séria discussão com um dos meus irmãos que insistia em dizer que eu não fazia esporte porque não tinha força de vontade, que falta de tempo era desculpa, e assim por diante.

Discutimos numa intensidade que precisamos ser apartados pelo meu pai que estava presente e ordenou que parássemos a briga.

Eu ia a médicos, nutricionistas, iniciava regimes, tomava várias famílias de remédios para emagrecimento e nada. Me consultava com um cardiologista, deixando lá boa parcela do meu salário mensal. Outra parcela do salário era "investida" nos remédios receitados, entre eles o desconfortável Xenical. E assim ia, sem sucesso.

Em 2003 participei de um processo seletivo numa empresa multinacional.

O presidente da empresa, durante minha última entrevista, me disse querer fazer um pacto comigo: se eu trabalhasse lá, teria que emagrecer. Se não perdesse pelo menos 10kg ele me demitiria. Este glorioso "programa de qualidade de vida", como chamavam na empresa, era fruto da morte por infarto fulminante de um gerente de não mais de 45 anos.

A empresa ficou tão impressionada com o fato que começou a pressionar os funcionários a praticarem esportes e cuidarem da saúde, porém, de forma agressiva.

Como eu precisava do emprego, me comprometi a perder peso, entrei na empresa e me matriculei numa academia de ginástica conveniada a ela.

E assim comecei a frequentar a academia, fazer musculação e, principalmente, caminhar na esteira.

Já era maio de 2005 quando, num final de semana, conversando com um dos meus irmãos que é médico, demonstrei insatisfação com meu cardiologista, devido às inúmeras, caras e fracassadas, tentativas de perder peso. Então ele me indicou um novo médico (Dr. Antônio), clínico geral e esportista (praticante de *Iron Man*[1]).

Devido à academia, já havia perdido alguns quilos e na primeira consulta pesei 107,5kg. Ele me perguntou:

— Por que você está aqui?

— Tenho 3 objetivos. - Respondi.

— Primeiro: quero ter saúde para ver meus filhos crescerem;

— Segundo: quero quebrar a barreira dos 100kg, que há muitos anos não consigo. Para mim era um sonho pesar menos de 100kg;

---

1 N. da R.: *Iron Man*, em inglês, Homem de Ferro. É uma competição que compreende 3.800 metros de natação, seguidos de 180km de ciclismo e 1 Maratona completa (42,2km).

— Terceiro: você vai rir de mim, mas tenho um sonho de infância de um dia correr uma São Silvestre – disse eu.

— Que é isso! Isso é ótimo, você está no caminho certo. O mais difícil, que seria convencê-lo a fazer alguma atividade física, já não é problema, pois você já faz academia. Você vai conseguir, sim. E é muito legal querer correr uma São Silvestre. Você vai conseguir, sim. Vamos em frente!

Saí de lá animado como há muito tempo não saía de uma consulta médica. Com maestria, o Dr. Antônio conseguiu me aplicar uma enorme injeção de ânimo.

Pela primeira vez alguém mostrou achar possível me ver correndo uma São Silvestre. Nossa, quem era eu para participar de uma São Silvestre? Com 107kg nas costas, isso era inimaginável.

Continuei me esforçando, me animei mais, me dediquei mais aos treinos, fiz todos os exames médicos que ele me solicitou e fui à luta.

Meus irmãos já não insistiam tanto para que eu participasse das corridas de rua. Eles mesmos já vinham diminuindo o ritmo e não participavam tanto das provas.

Gradativamente fui perdendo peso até que, no dia 18 de agosto de 2005, tinha um retorno de consulta com o Dr. Antônio.

Subi na balança e quase caí para trás. Ela apontava 99,9kg Parecia brincadeira da balança comigo. Subi novamente para ter certeza: 99,9kg. E não é que em 2 meses e meio eu consegui quebrar a barreira dos 100kg? Definitivamente não conseguia acreditar. Saí efusivo do consultório, quase levitando, de tão feliz que me sentia.

Voltei para casa, e de tão contente que eu estava, fui pesquisar na Internet para procurar alguma corrida para me inscrever para participar.

No dia seguinte, enviei um *e-mail* ao Dr. Antônio que dizia o seguinte:

> *Prezado Dr. Antônio,*
> *Como vai? Tenho uma boa e uma má notícia: a boa é que me inscrevi para minha primeira corrida. A má notícia é que será*

daqui há apenas 10 dias. Participarei da Corrida Duque de Caxias
no dia 28/08/05 no Ibirapuera.
Um abraço,
Fauzer.

A resposta que recebi foi a seguinte:

Prezado Fauzer,
Não é muito cedo para participar dessa corrida? Você não quer
desistir dessa corrida e começar com uma corrida de 5 ou 8km
no máximo? Além do mais o percurso dessa prova não é dos mais
fáceis. Tem uma subida forte na Av. 23 de Maio.
Um abraço,
Dr. Antônio.

Minha resposta não poderia ter sido diferente:

Prezado Dr. Antônio,
Vou participar dessa prova mesmo. Quanto mais difícil, melhor
será. Vou com a intenção de terminar a prova.
Afinal de contas, desistir é um verbo que não consta em meu
dicionário.
Um abraço,
Fauzer.

E dessa forma, parti para a primeira de minhas muitas corridas, aventuras, lições de vida, desafios e superações. Iniciava-se ali minha carreira de "corredor".

As histórias que narro aqui neste livro foram vividas intensamente nos últimos 5 anos.

Aprendi muito e passei por experiências das mais diversas.

No ano de 2010 me indicaram um livro chamado "50 Maratonas em 50 dias" do corredor americano Dean Karnazes. Dean é um ultramaratonista que possui uma ONG (Organização Não Governamental) com o objetivo de promover a atividade física, principalmente na infância e adolescência, combatendo a obesidade infantil que tanto cresce no mundo e em especial nos Estados Unidos da América. Para divulgar sua ONG e sua mensagem correu 50 Maratonas em 50 dias consecutivos. Depois, escreveu o livro com o relato das experiências vividas durante seu projeto.

Ao ler o livro me identifiquei muito com várias frases e pensamentos dele, que me incentivaram muito a escrever meu livro. Fiz questão de extrair as frases mais marcantes e aqui reproduzi-las em alguns capítulos. São frases que conseguem exprimir com bastante intensidade alguns pensamentos, lições e sentimentos vividos nas corridas.

Capítulo 1

Meu Início

O passado é passado, o futuro é incerto e o hoje é uma dádiva. É por isso que o chamam de presente.

50 Maratonas em 50 Dias, de Dean Karnazes

Ao ficar entusiasmado por ter quebrado a barreira dos 100kg na balança depois de mais de 10 anos, aventurei-me em me inscrever para a minha primeira prova.

Eu tinha 10 dias pela frente até a corrida e não fazia a menor ideia de como seria.

Como era a dinâmica de uma corrida?

Deveria mudar alguma coisa no treino para ela?

Afinal de contas, meu treino era correr na esteira na academia. Eu não treinava com nenhum professor ou treinador, não tinha planilha, não seguia nenhuma orientação. Apenas as do Dr. Antônio, que neste caso eu não seguiria, pois era esperar um pouco mais para participar de uma corrida.

Continuei frequentando a academia pelos dias seguintes. Obviamente, o nervosismo só crescia, dia após dia.

De repente senti o pavor de não conseguir completar a prova, de fazer feio. Principalmente, o medo de chegar em último lugar.

Imaginava-me chegando em último, achava que só haveria atletas bem preparados e eu totalmente paraquedista naquele mundo.

Imaginava-me sendo gozado pelos transeuntes em torno da prova e recebendo olhares de reprovação dos organizadores, como se eu fosse fazê-los esperar minha chegada para poderem desmontar a arena da corrida e irem embora.

Em resumo, todos os tipos de pensamentos inúteis sobre a prova pairavam sobre minha cabeça nos dias que se passaram, demonstrando o nervosismo que tomava conta de mim.

Quando meus irmãos corriam, treinavam com um *personal trainer*, também corredor. Este *personal* levava um primo, também professor de educação física aos treinos, como assistente, o Petterson.

Conhecia-os pela amizade que tinham feito com meus irmãos e, coincidentemente, o Petterson estava trabalhando na academia que eu frequentava. Encontrava-o constantemente quando ia treinar e pedia algumas dicas para ele.

Possuído pelo nervosismo, meus treinos só pioravam. As pernas começaram a pesar, a velocidade diminuiu, cumprir aqueles quilômetros na esteira passaram a parecer impossíveis, aumentando dia após dia minha insegurança em relação à corrida. Sentia-me como se fosse representar o país, correndo a Maratona em uma Olimpíada.

Até que na quinta-feira, véspera da prova, procurei o Petterson na academia. Contei a ele a minha "aventura" e como estava me sentindo. Solicitei alguma orientação para me acalmar, perguntei como seria, se eu iria conseguir e como deveria me portar. Desabafei, inclusive, meu medo de chegar em "último lugar", que era o que mais me atormentava.

Ele me disse para ficar sossegado, que não precisava ficar tão nervoso. Para ir com calma, dosar meu ritmo de forma a correr confortavelmente e não fazer nada de novo que já não tivesse feito até então.

Petterson me informou que estaria na corrida também, na tenda de uma outra academia que trabalhava. Disse para procurá-lo na tenda da academia no domingo de manhã.

Naquela época, eu costumava frequentar o Orkut. O Orkut estava na moda e eu tinha a prática de diariamente visitá-lo. O Orkut, apesar de ser uma rede de relacionamentos com muita informação e comunidades inúteis, falsas ou até mesmo "bizarras", também pode ser sabiamente aproveitado para fins educativos. Ainda assim encontramos várias comunidades nas quais se trocam informações sérias e experiências interessantes sobre diversos assuntos.

Há inúmeras comunidades de corridas e corredores de rua no Orkut. Fui entrando e passei a participar de algumas delas: "Viciados em Corrida", "Corridas de Rua e Maratonas", "Corredores de Rua de São Paulo", "Corrida de São Silvestre", "CORPORE – Comunidade Oficial".

Em algumas delas surgiam tópicos comentando cada corrida que estava por vir, quem participaria ou não, qual o tempo pretendido para se fazer na corrida, entre outras informações.

Comecei a participar e trocar informações timidamente nas comunidades. Perguntava como era a prova, lia bastante os tópicos para tentar obter o maior número de informações possíveis de como era a corrida e, devagarinho, comecei a expor meus medos. Disse que era minha primeira corrida, que estava ansioso, com medo de não terminar ou de chegar em último lugar.

Passei a receber algumas mensagens de apoio e tranquilidade. Os participantes das comunidades respondiam tentando me acalmar, dizendo que deveria ir para me divertir, sem me preocupar com o tempo que levaria para terminar a prova, que não teria problema se não terminasse a prova ou até mesmo se chegasse em último lugar.

Um participante em especial me chamou a atenção. Ele escreveu um *scrap* diretamente no meu perfil, fora da comunidade, me dando um grande apoio. Ele dizia:

> *Olá Fauzer, meu nome é Denílson. Fique tranquilo em relação à corrida. Não se preocupe com o tempo. Procure se divertir e terminar a corrida no seu tempo. No sábado à noite procure descansar e dormir mais cedo. Se você gosta de tomar umas "brejas", procure não tomá-las na véspera da corrida. Um abraço, Denílson.*

Achei muito bacana e muito simpática a resposta do Denílson. Respondi a ele agradecendo a força e durante os dois dias seguintes trocamos mais algumas mensagens.

Fazia assim minha primeira amizade no mundo das corridas. Não imaginava que nos anos seguintes viria a conhecer tanta gente e fazer tantas amizades interessantes.

Nas últimas mensagens com o Denílson, perguntei se conseguiríamos nos encontrar em algum lugar. Ele me informou qual era a tenda da equipe da qual ele participava. Contei a ele com qual camisa eu iria, pois correria com uma camisa com o logotipo da empresa em que eu trabalhava na época.

Na verdade, estava tão nervoso que buscava alguém para encontrar e me apoiar psicologicamente no dia da prova. Era um certo receio de ir sozinho, medo do desconhecido. Achei que seria difícil encontrar o Denílson, pois a expectativa era de haver umas 5.000 pessoas na corrida.

No sábado, véspera da corrida, a retirada do *kit* (número de peito, camiseta e *chip* de cronometragem) da corrida deveria ser feita num quiosque em um *Shopping Center* que patrocinava a prova. No sábado à tarde fui com minha esposa e meus filhos ao tal *shopping* retirar o *kit*.

Era uma sensação diferente para mim, tudo novo. Não posso negar que me sentia até "importante" com o evento. Levei o número de peito para casa, como se fosse a medalha de participação.

Na noite do sábado, separei a roupa que usaria na corrida, tênis, relógio, a camiseta programada. Deixei tudo separado. Essa prática se tornou, na verdade, um ritual que mantenho até hoje. Verifiquei tudo umas três vezes, para me certificar que não havia me esquecido de nenhum detalhe.

No dia "D", acordei cedo, mais ansioso do que nunca. Me arrumei e fui tomar o café da manhã. Minha esposa e meus filhos já estavam acordados e me acompanharam no café. Minha esposa quis tirar uma fotografia minha, pronto para a corrida, como se eu estivesse vestindo uma beca a caminho de minha formatura. Estava tão nervoso que não quis tirar foto nenhuma. Despedi-me de todos e fui para a prova. No caminho para a prova, passei por uma rua e vi um rapaz saindo de uma casa, pronto para a corrida e com o número de peito preso à camisa.

Era um domingo, 07h00 da manhã e uma das poucas pessoas que vi na rua me deu a impressão que todos que estavam acordados na cidade estavam se dirigindo para a corrida. A sensação era como se a cidade tivesse parado e apenas a corrida estivesse acontecendo.

Afinal de contas, depois de alguns anos lutando contra a balança, sendo cobrado a praticar atividades físicas e me reencontrando com o esporte, enfim estava a caminho de participar da minha primeira corrida de rua de 10km.

Cheguei ao Ibirapuera, estacionei o carro e fui ao encontro do Petterson. Deixei minha mochila no guarda-volumes e encontrei-o na tenda da tal academia em que ele trabalhava. Fiz o aquecimento orientado por ele e me dirigi para a linha de largada.

Fiquei apenas observando o movimento, as pessoas, as equipes. Em poucos minutos foi dada a largada e em pouco tempo lá estava eu percorrendo quilômetro após quilômetro as ruas do Ibirapuera.

A Corrida Duque de Caxias passava por um percurso que ia pela Av. 23 de Maio até o viaduto da Av. Bandeirantes, próximo ao Aeroporto de Congonhas. Contornava o viaduto por baixo e retornava pelo outro lado da pista, num trecho mais elevado.

Quando estava no trecho de ida, lá pelo quilômetro 3,5, do lado oposto da pista, já retornando, passaram os primeiros atletas cadeirantes. Era uma experiência nova para mim, nunca havia visto aquelas cadeiras de competição. Passei aplaudindo-os e segui adiante.

Quando estava me aproximando do retorno, vários corredores já seguiam pela pista oposta, retornando. De repente, um deles apontou para mim e começou a gritar:

— Fauzer, você é o Fauzer?

— Sim, sou eu – respondo sem entender nada.

— Sou eu, o Denílson do Orkut! – ele grita do outro lado.

Confesso que fiquei bastante surpreso. E não é que o Denílson me achou e me reconheceu pela camisa com o logotipo da empresa que eu havia dito a ele?

Fiz um aceno a ele e fui adiante.

Já no km 9 encontro o Petterson, voltando da chegada para trás, procurando seus alunos. Ele me disse umas palavras de incentivo, incentivando-me a continuar no mesmo ritmo e disse que a linha de chegada estava logo adiante. Cruzei a linha de chegada satisfeito por dois motivos:

1. Consegui terminar a corrida, sem abandoná-la;
2. O principal: Não fui o último lugar, como tanto temia.

Terminei minha primeira prova de 10km com o modesto tempo de **01h13min15s**. Peguei minha medalha, passei para agradecer o Petterson, me despedi e fui embora.

Quando passei pelo Denílson, foi tão rápido e inesperado que não memorizei seu rosto. Se cruzasse com ele de novo, não saberia reconhecê-lo. Então, fui embora.

Fui ao encontro de minha família, na casa de meu sogro, onde almoçávamos aos domingos. Relatei toda a experiência a eles, de certa forma, emocionado.

Voltei ao Orkut para relatar como tinha sido a experiência e agradecer o apoio dos participantes das comunidades.

Enviei uma mensagem ao Denílson agradecendo-o também pelo apoio, contando que tudo tinha corrido bem e que eu estava muito satisfeito. Também comentei ter achado bastante interessante ter cruzado com ele no retorno e curioso o fato de ter sido reconhecido por ele.

Um último detalhe me chamou a atenção: ao pesquisar no *site* da corrida o resultado da prova e o seu relato, verifiquei que a prova tinha terminado com um "empate" técnico. Os dois primeiros colocados, Adriano Bastos e Marildo José Barduco haviam cruzado a linha de chegada lado a lado. Soube depois que, como estavam emparelhados no km 9, o Adriano sugeriu ao Marildo que cruzassem a linha de chegada juntos, pois assim seria mais legal do que simplesmente disputar a chegada como sempre, um chegando na frente do outro.

O tempo oficial de ambos foi 00h31min31s, porém, o tempo oficial deu a vitória a Marildo José Barduco, por um segundo (00h31min27s × 00h31min28s), devido à pequena diferença de tempo na passagem de ambos pelo tapete de largada.

Aquela atitude de ambos me chamou muito a atenção. Por que numa competição, dois atletas de elite abririam mão da vitória para cruzar a linha de chegada juntos?

Minha primeira corrida também trazia minha primeira lição nesse esporte: há situações em que a criatividade supera uma simples vitória.

Se eles simplesmente tivessem disputado passada a passada aquele quilômetro final e um tivesse chegado à frente do outro, como de costume, certamente eu não me lembraria hoje dessa história e possivelmente não me lembraria quem havia ganhado a corrida. Também não estaria relatando esse fato. Mas a criatividade do Adriano marcou o evento.

Nunca mais esqueci daquela chegada e do resultado da corrida.

O espírito esportivo e a chegada inusitada foram muito mais marcantes.

Essa era apenas a primeira de muitas corridas e aventuras que eu vivenciaria.

Capítulo 2

A Caminho do Primeiro Grande Objetivo

Enfim eu havia participado da minha primeira corrida de rua.

Nos meses que se passaram participei de mais uma série de corridas de diversas distâncias, de 5, 8, 10 e até mesmo de 11 quilômetros.

Participei, também, em conjunto com alguns corredores da empresa, da minha primeira prova de revezamento, uma Maratona dividida em quatro corredores, o que fez com que eu corresse em torno de 10,5 quilômetros.

Foram novas experiências e, corrida a corrida, novos aprendizados para mim.

Mas nunca perdi meu foco. Fui monitorando diariamente a abertura das inscrições para a São Silvestre e logo que iniciou me prontifiquei a garantir minha participação. Por um lado, fiquei mais tranquilo, por outro, veio aquele frio na espinha de estar inscrito na prova que era um sonho de infância.

Nunca na minha vida me pareceu possível participar de um evento esportivo daquela magnitude, com atletas profissionais, televisionamento, cobertura da imprensa e assim por diante.

Dessa forma, tive mais ânimo para continuar mantendo meus treinos e participando das corridas. No início de novembro uma das provas que participei foi uma prova inaugural de 10km com a participação de mais de 17.000 pessoas. Em termos de quantidade de participantes era maior ainda que a própria São Silvestre, que naquele mesmo ano teve em torno de 13.400 concluintes.

A prova marcou por alguns fatores, digamos, inusitados:

a) Foi a primeira prova que eu participava em que o *marketing* inteligentemente estampava o número de peito (número de participação do corredor) na própria camisa, em vez do tradicional papel para pregarmos na camisa, forçando com que os participantes corressem com a camisa do evento. A camisa era de uma cor "vermelho-alaranjada", fazendo com que o visual da corrida fosse particularmente interessante. Um mar vermelho de corredores, tanto durante a corrida como nas fotos que saíram nas revistas especializadas nas semanas seguintes.

b) Devido ao elevado número de paticipantes e a largada ser numa avenida não tão "larga" assim, a largada foi marcada por um congestionamento digno de uma grande metrópole. Após os primeiros 400 metros depois da largada havia um túnel. Na entrada do túnel tudo parou, ninguém ia e ninguém vinha. Ficamos todos olhando uns para os outros por pelo menos 5 minutos, e o tempo da prova correndo. Foi o quilômetro mais lento em uma corrida que fiz até agora. Foram quatorze horas e nove minutos para conseguir chegar ao primeiro quilômetro da corrida. Os quilômetros seguintes não foram muito melhores e foi até difícil de correr, pois precisávamos desviar de muitas pessoas que estavam caminhando no evento, simplesmente passeando pelos 10 quilômetros do percurso.

c) Em razão do forte *marketing* realizado pela organização do evento, muitos atores, cantores, artistas, modelos e mesmo muitos amadores, sem o costume de participar de corridas, se inscreveram nela. Por isso muitas situações incomuns para uma corrida poderiam ser vistas ao longo do percurso. Muita gente conversando, simplesmente caminhando, fofocando, contando da balada do sábado à noite, entre outras coisas. O mais curioso foi a conversa de duas amigas que ouvi logo após a chegada. Novamente houve um afunilamento entre a linha de chegada e as tendas de entrega de medalhas.

Ao passar pela chegada, levei 40 minutos em outro congestionamento até conseguir chegar às medalhas. Durante esse tempo, caminhando vagarosamente, fiquei ouvindo as mais diversas e bizarras histórias do sábado à noite. Até que duas meninas, claramente fora de seu *habitat* natural, sem bem saber o que faziam ali, e com cara de total indignação, reclamavam do odor e do suor dos outros corredores na chegada, até que uma delas, como se estivesse presa em um quarto cheio de baratas ao seu encalço, bradou:

— Ai, que nojo!!! Quanta gente suada!!! – com uma feição de horror e medo como se estivesse sendo perseguida por zumbis de camisa vermelha encharcadas de suor, como quem tivesse acabado de correr 10 quilômetros. A cena foi seguida de uma série de gargalhadas dos corredores mais acostumados àquele mundo.

Ainda no dia 14 de dezembro participei da minha primeira prova de fogo antes da São Silvestre. A prova "Sargento Gonzaguinha", também uma tradicional prova de São Paulo, serve de seletiva para a São Silvestre, garantindo a participação de seus primeiros colocados no pelotão de elite na largada da São Silvestre. Apesar de ser uma prova com percurso muito mais plano, menos difícil do que a São Silvestre, a Gonzaguinha também é uma prova de 15km. E para quem a maior distância já percorrida em uma corrida era de 11km, seria minha "prova de fogo" para o grande desafio.

Na quinta-feira que antecedeu a prova, tive uma consulta de retorno com o Dr. Antônio, em busca de alguma orientação para a corrida e também de um apoio moral para a prova. Sua expectativa era que eu conseguisse completar a prova entre 01h45 e 01h52. Ao final, para surpresa de todos, terminei a prova em 01h39, o que me deixou muito confiante para o desafio do dia 31 de dezembro.

Ainda antes do final do ano participei de uma prova de Natal da Corpore de apenas 5,5km, característica por ser extremamente informal e festiva, e por entregar diversas premiações às melhores equipes e aos melhores corredores do ano. Pode-se ver nessa corrida muitos grupos de amigos e de assessorias esportivas correndo vestidos de Papai Noel ou com touca de Papai Noel, batendo fotos a cada quilômetro, fazendo bagunça num ótimo astral sem se preocupar com tempo e *performance*, afinal a própria organização da corrida não fornece *chip* de marcação de tempo para controle da cronometragem.

Ao cruzar a linha de chegada, comecei a chorar acanhadamente, emocionado não só pelo clima festivo e natalino do evento, mas sim por saber que era a minha 10ª corrida em 4 meses e era a última antes do grande desafio. Enfim viria a São Silvestre.

Nos 4 meses intensos nas corridas aprendi bastante. Em outubro, inclusive, meus filhos também iniciaram sua carreira nas corridas mirins. Durante o ano, diversas corridas infantis são promovidas pelos organizadores de corridas de rua. Costumo inscrevê-los e levá-los a esses eventos. Eles gostam muito e já se acostumaram a trazer suas medalhas para casa.

Na primeira corrida, minha filha Paola, então com 5 anos, participou de sua primeira corrida de 50 metros. Seis meses depois, meu filho Alexandre, então com 4 anos, também estreou em suas corridas. Até hoje participarm de diversas provas, entre elas a Maratoninha de São Paulo e a São Silvestrinha.

Eles se orgulham de voltar para casa com suas medalhas e colecioná-las tal como o pai, a ponto de já terem perguntado por que há muito mais corridas para adultos do que as infantis, limitando-os a um número menor de medalhas por ano. Hoje, cada um deles já conta com pelo menos 20 medalhas de corridas infantis cada.

Passado o Natal, resolvi seguir os conselhos de alguns corredores nas comunidades do Orkut e no dia 26 de dezembro fui realizar um treino em parte do percurso da São Silvestre. Fui de carro até a Av. Paulista, estacionei por lá e parti dos arcos do MASP rumo à Av. Consolação. Desci a Consolação, cruzei o centro da cidade e subi a Av. Brigadeiro Luís Antônio até a Avenida Paulista para encerrar o treino.

O objetivo do treino era conhecer a subida da Brigadeiro e perder o medo dela, para que no dia da prova ela não fosse mais "aquele" fantasma. Ainda cruzei com pelo menos mais uns três ou quatro corredores durante a subida da Brigadeiro, também treinando o percurso. Ao cruzarem comigo, eles acenavam com uma cumplicidade de quem diz: "— No dia 31 também estarei aqui na corrida".

E, psicologicamente, realmente valeu a pena, pois no dia da prova me senti mais tranquilo.

Sexta-feira, dia 30 de dezembro, a adrenalina já estava nas nuvens. As horas não passavam. A ansiedade só aumentava. Durante aquele dia comecei a me perguntar qual seria minha próxima meta após a São Silvestre. Sabia que conseguiria terminar a corrida, mas e no dia seguinte? Qual seria meu próximo grande desafio? Nunca havia imaginado ser possível um ser humano comum como eu participar de uma prova como a Corrida de São Silvestre. Na minha cabeça, no dia seguinte eu acharia já ter atingido o auge do possível para mim como corredor amador. Eu me sentiria sem objetivos, sem uma meta pela frente. Passei o dia me perguntando qual desafio elegeria para mim.

Até que, navegando pela Internet, descubro que se abriram as inscrições para a Maratona de São Paulo de 2006, em 4 de junho. A prova contaria com provas de 5 e 10km e a Maratona de 42.195 metros. Resolvi fazer minha inscrição. Considerando que no dia seguinte correria 15km, dali há 6 meses não teria graça correr outra prova de 10km.

Seria apenas mais uma.

Então, por que não me inscrever para a Maratona?

Estava evoluindo bem, teria tempo para treinar, por que não tentar a Maratona?

Afinal de contas, para quem saíra do nada para a São Silvestre, a Maratona poderia ser uma realidade.

Que graça teria desafios menores que esse?

Então, sem falar para ninguém, fiz a inscrição, efetuei o pagamento e pronto! Já estava definido meu próximo desafio.

Minha primeira prova havia sido no último mês de agosto e em junho do próximo ano, menos de um ano depois eu correria uma Maratona.

Enfim chegara o grande dia.

Dia 31 de dezembro.

Passei a manhã ansioso e em torno do meio-dia fui almoçar com minha família. Pedi para irmos a um restaurante de massas, para "estocar" carboidrato para a corrida.

Este almoço se tornou praticamente um ritual meu em todo 31 de dezembro, antes de ir para as corridas de São Silvestre. Após o almoço, voltei para casa, troquei a roupa e já fui para a Av. Paulista.

A melhor coisa que tinha a fazer era ir logo para a Av. Paulista para controlar a ansiedade. Seria muito melhor do que ficar em casa esperando o tempo passar. Os corredores da empresa haviam marcado um ponto de encontro na Av. Paulista, na esquina com a Rua Pamplona e fui procurá-los. Encontrei meia dúzia de colegas da empresa, entre eles meu chefe, o Rubem. Ficamos conversando para passar o tempo, nos aquecemos em grupo e fomos para a largada. Fiquei com o Rubem na largada vendo as tradicionais figuraças fantasiadas que aparecem na São Silvestre: O Hulk, a noivinha, o Santos Dumont com o 14-Bis, o Pelé, a Xuxa, o Elvis, o Cristo carregando uma cruz imensa e inúmeras outras bizarrices tradicionais da corrida.

Quando a largada foi dada, esperamos calmamente as mais de 13.000 pessoas se locomoverem para termos chance de começar nossa corrida. Passamos pela largada e entramos juntos na Av. Consolação. No início da descida, quando passávamos pelo km 2, o Rubem disparou na frente e foi embora. Eu, ainda dominado pelo nervosismo da prova, limitei-me a desejar-lhe boa sorte e disse-lhe para seguir adiante, pois eu manteria um ritmo mais conservador. O vi se distanciando de mim e continuei tranquilamente, me preocupando principalmente em reservar um pouco de energia para o final da prova, pois certamente precisaria dela.

E assim fui percorrendo as ruas da cidade, apreciando a "paisagem" das figuraças que passavam por mim. Na Av. São João, em torno do quinto quilômetro, misturado ao grande público que acompanha a corrida nas ruas, podemos ver vários casais de homossexuais e travestis, que moram e trabalham no centro, mexendo com os corredores. Ouvíamos frases do tipo:

— Nossa, que pernas! – ou

— Vem cá bonitão, me bota pra correr também! – muitos corredores riam, alguns, como eu, apertavam o passo e outros retribuíam as gracinhas com acenos, frases de efeito e até mesmo xingamentos.

Segui em frente, e no quilômetro 9 fui surpreendido com uma subida que, para mim, foi até mais difícil que a da Brigadeiro.

Afinal, apesar da subida da Brigadeiro ter aproximadamente 1.500 metros, meu treino do dia 26 já quebrara o impacto da surpresa. Naquele momento, já passada 1 hora de prova, deparei-me com 800 metros de subida do viaduto Rudge. O que me passou pela cabeça naquele momento foi: "Quem colocou esta subida aqui? Falam tanto da subida da Brigadeiro que esqueceram de me avisar que tinha uma subida ingrata no quilômetro 10".

Sou um corredor que gosta de subidas mais do que de descidas. Apertei o passo e enfrentei o viaduto. No final dele, ao entrar no retão da Av. Rio Branco, vejo logo a minha frente o Rubem andando, como se tivesse sido vencido pelo viaduto. Encostei nele e perguntei se estava tudo bem. Ele disse que estava bem, porém, muito cansado e dessa vez ele que me mandou seguir adiante. Apertei o passo e deixei-o para trás.

Enfim, após alguns minutos, cheguei ao pé da Av. Brigadeiro, porém, já sem medo dela e muito feliz por estar perto do final. Subi sem parar, ultrapassando muitos corredores que caminhavam ladeira acima. Já aprendi nas muitas corridas que participei que uma das melhores sensações que podemos ter no final de uma corrida é a de passar por muitos corredores e não de ser passado por eles. Nos dá a impressão de estarmos inteiros. Por isso sempre largo mais atrás nas corridas, próximo ao pelotão do "fundão". Dessa forma, consigo ultrapassar muitos corredores e sou pouco ultrapassado. A sensação é que vencemos muitos participantes. Uso essa estratégia até hoje.

Além do mais, temos mais espaço para correr pois o grupo principal já começou a se distribuir pela pista. Se largamos muito à frente, ficamos apertados e nos primeiros 2 ou 3 quilômetros não conseguimos imprimir a velocidade que desejamos, pois ficamos limitados à velocidade do "trânsito" à nossa frente.

Uma sensação deliciosa foi terminar a Brigadeiro e engatar a quinta marcha nos 500 metros finais da Av. Paulista ao som da música do evento, das muitas pessoas que assistiam a corrida e do clima de *réveillon* que já pairava no ar.

Pronto: missão cumprida!

Sonho realizado e objetivo alcançado.

Enfim, com 100kg, 37 anos de idade e muito treino, eu havia corrido e terminado a mais famosa prova do atletismo no Brasil, a São Silvestre. Uma sensação única.

42,195

O tempo? Terminei com 1h53min09s, mas o que importa? Havia completado a prova e estava me sentindo muito bem.

Venci meus medos, fantasmas e limites.

Rubem chegou 5 minutos depois de mim, incrédulo com minha recuperação na metade final da corrida.

Pegamos nossas medalhas e ainda dei a ele uma carona de volta. Na semana seguinte, ao retornarmos ao trabalho, fiquei surpreso quando muitos colegas da empresa vieram me procurar, comentando que estavam impressionados com a história que Rubem já havia contado a todos na empresa: de que correra a São Silvestre, mas o que mais o havia surpreendido foi ver o Fauzer passar como uma bala por ele e chegar cinco minutos à sua frente.

Quem diria, o Fauzer, do alto dos seus 100kg, correndo a São Silvestre e ainda passando na frente dos outros?

Nada como se superar...

Capítulo 3

A Lenda do Urso

Nunca tinha parado para pensar como surgem as lendas e os mitos.

Na primeira corrida do ano de 2006, a Corrida de Reis de São Caetano do Sul, estava correndo ao lado de meu novo amigo Denílson, aquele mesmo do Orkut. Estreitamos nosso contato e nos tornamos amigos. Ele se dispôs a me acompanhar naquela prova. No meio da corrida, após ter precisado parar para amarrar o tênis (que pela primeira vez me tinha feito parar no meio de uma prova para arrumá-lo), Denílson busca uma pessoa à nossa frente para tomar como referência e me fazer apertar o passo. De repente, ele me disse:

— Está vendo aquele cara ali, aquele lá com aquela cabeleira grande? Vamos tentar alcançá-lo. Parece o "Urso do Cabelo Duro", vamos ultrapassá-lo.

Quase tropecei, pois comecei a rir.

Realmente, o cabelo do rapaz lembrava muito o personagem "Urso do Cabelo Duro" dos desenhos de TV antigos. No final passei à sua frente e cheguei na frente dele. Tomei o cuidado na chegada de anotar o número de peito dele, para ver se na marcação do tempo líquido oficial da prova eu havia ganhado dele realmente.

Afinal de contas, eu não sabia se ele tinha largado na minha frente ou atrás de mim, e a diferença final dos tempos poderia alterar o resultado da prova. Fiquei feliz por ter ganhado e não esqueci mais do sujeito.

Curiosamente, nas corridas seguintes que participei voltei a encontrá-lo e percebi que ele corria num ritmo e numa velocidade muito similar à minha. Por isso passei a tê-lo como referência e passei a anotar nossos resultados ao melhor estilo de um "duelo" pessoal, com a única e peculiar característica de que eu sabia que estava "competindo" com ele num duelo à parte e ele nunca soube disso.

Talvez esse fator, "desconhecimento", me desse uma vantagem competitiva sobre ele. Voltamos a nos encontrar no Troféu Cidade de São Paulo, no aniversário de São Paulo em 25 de Janeiro, com outra vitória minha sobre ele.

Porém, eu havia tomado o cuidado de pesquisar na Internet, segundo o nome dele, quais as provas em que eu tinha participado e que ele também tinha ido e comparei os resultados. Dessa forma, com minhas vitórias em São Caetano e no Troféu Cidade de São Paulo, eu já havia aberto uma vantagem de 4 × 0 sobre ele.

Esse tipo de duelo pessoal te dá outro ânimo no dia das corridas. Sempre que vou retirar os *kits* para uma corrida procuro saber se o Urso estará presente.

Em casa, contei a história para os meus filhos que se interessam em saber se o Urso estará ou não na próxima corrida, se ele participou, se ganhei dele.

Quando não consigo saber se ele está inscrito, digo para eles que o Urso deve estar de tocaia, se preparando para dar o bote em mim em alguma curva da corrida. Quando passam alguns meses ou corridas seguidas sem que eu o encontre nas corridas, digo que ele deve estar hibernando, ganhando forças para me atacar no momento mais oportuno para ele.

E assim criei "A Lenda do Urso do Cabelo Duro" das corridas. Quando mostrei para os meus filhos o desenho do Urso da TV e a foto dele das corridas eles achavam que estavam vendo a encarnação do personagem, tal a semelhança deles.

Dessa forma, ganhei um incentivo adicional para minhas corridas seguintes, visto que eu teria muito "trabalho" a fazer me preparando para a Maratona de São Paulo. E assim fui participando de diversas corridas em busca do preparo ideal para a Maratona, inclusive fazendo algumas viagens para conhecer outras corridas próximas, porém, fora de São Paulo. Participei de uma corrida vespertina em Itu, de uma corrida noturna no Guarujá e montei uma "equipe" (de 2 pessoas) com o Denílson para uma prova de revezamento de 30km em Bertioga, na praia.

Eram 15km de areia para cada um, sob um sol litorâneo de 30°C. Combinamos do Denílson fazer o primeiro trecho, visto que ele foi passar o final de semana em Bertioga e eu chegaria em torno das 09h30 da manhã para percorrer o trecho seguinte. E assim, cumprindo o combinado, cheguei em torno das 09h00 em Bertioga, me aqueci e esperei o Denílson que estranhamente demorou a chegar. Quando chegou, mancando demais, vi que ele estava com uma contusão na perna, mas que mesmo assim não o fez desistir da prova.

Parti para minha etapa da corrida, e mesmo estando mais inteiro que ele, fiz o segundo trecho no mesmo tempo que ele havia feito o primeiro trecho machucado.

Voltei para São Paulo com mais uma medalha, minha 19ª naquela altura e mais uma missão cumprida.

No dia seguinte, segunda-feira, fui trabalhar normalmente.

No meio da tarde, comecei a sentir um incômodo nas costas, uma dor que gradativamente foi aumentando. Quando ela começou, achei que fosse algum cansaço muscular da véspera, mas pouco tempo depois comecei a achar que era aquela dor no corpo típica de uma gripe.

Mesmo um pouco incomodado, entrei em uma reunião com um colega de outra empresa. No meio da reunião percebi que estava me contorcendo na cadeira, sem me lembrar de uma única palavra que ele havia dito, tamanha dor sentida.

Já próximo das 18h00, pedi desculpas, encerrei a reunião e desci até o ambulatório do prédio em que trabalhava. Contei o histórico da dor e mediram minha pressão. A enfermeira, sem me contar qual era minha pressão, perguntou-me se não achava melhor ir ao hospital ver o que estava acontecendo. Respondi:

— Hospital, que nada, não precisa tanto.

— Mas não custa nada, é melhor você ir, a ambulância está aí para isso – insistiu a enfermeira.

— Ambulância, de jeito nenhum! Não precisa exagerar – respondi já praticamente cercado pelos funcionários da ambulância.

Confuso com o que estava acontecendo e atormentado pela dor, resolvi ligar para meu pai, que era médico. Relatei o ocorrido e perguntei a ele se não era um exagero ir para o hospital, certo de que ele concordaria comigo. Surpreendi-me com sua resposta, pois ele me aconselhou a ir para o hospital, dizendo que não custava nada verificar. Aí soube que minha pressão estava em 18/15. Falei para ele que iria com meu carro então. Ele me aconselhou a ir de ambulância mesmo, pois abriria caminho no trânsito da hora do *rush* que já se instaurara em São Paulo.

Com tanta "campanha pró-passeio de ambulância", resolvi obedecer, liguei para minha esposa e pedi que me encontrasse no hospital, contando o que tinha ocorrido.

Foi um dos piores passeios que já realizei até hoje.

Eu deitado na parte detrás da ambulância, chacoalhando como se estivesse num liquidificador, com aquele barulho ensurdecedor da sirene, com dor no corpo e ainda sendo "admirado" pelos passageiros dos ônibus lotados, quando a ambulância parava ao lado deles.

Cheguei ao hospital e minha esposa já estava na porta me esperando. Dei entrada no prontoatendimento e fui para uma bateria de exames, sendo que um dos primeiros foi um eletrocardiograma.

Não conseguiram identificar nada, apenas afastaram a hipótese de infarto, que foi a primeira suspeita do ambulatório do prédio da empresa, em razão da minha elevada pressão arterial.

Passei a ser atendido por meu concunhado, Pedro, cirurgião plantonista do hospital.

Até terça-feira não tinham identificado nada e resolveram realizar um ultrassom no abdômen para tentar achar o problema, e mais uma vez nada.

Sem nenhum problema aparente, resolveram me dar alta e vieram me examinar mais uma vez. Porém, quando a médica pressionou meu abdômen, quase caí da cama de dor novamente.

Resolveram suspender a alta e solicitar novos exames, já que eu não poderia ir para casa com tanta dor. Na quarta-feira o ultrassom que realizei apontou uma isquemia de vesícula.

Minha vesícula havia rompido e todo seu conteúdo já estava devidamente espalhado pelo meu abdômen, presenteando-me com uma septicemia geral (vulgo infecção generalizada).

Meu médico, concunhado, ou Dr. Pedro como queiram, ficou assustado com o resultado: no ultrassom da terça-feira nada havia aparecido e no ultrassom da quarta-feira aquele estrago todo.

— Só podia ser filho de médico, para ter esse tipo de problema tão raro – disse ele.

Normalmente as pessoas extraem a vesícula quando têm pedras, sentem dores constantes e marcam a cirurgia com antecedência. Agora, ter uma isquemia do nada, sem pedras e tão de repente, é muito raro mesmo.

Marcaram a cirurgia para a quinta-feira de manhã, pois precisava extrair a já falecida vesícula. Realizei a cirurgia e dois dias depois tive alta e voltei para casa.

O problema estava resolvido, mas meu desafio da Maratona estava praticamente liquidado.

Estávamos em março e a Maratona era no início de junho. Com uma cirurgia três meses antes, a probabilidade de conseguir correr a Maratona era praticamente zero.

Ainda mais depois que fiz uma consulta no Dr. Antônio e ele me disse claramente para esquecer a Maratona. Não nego que fiquei bastante frustrado...

Três semanas depois da cirurgia, fui liberado para voltar a correr numa quinta-feira. No domingo da mesma semana iria acontecer a Meia Maratona da Corpore, que eu já estava inscrito desde antes da cirurgia. Paralelamente à Meia Maratona aconteceria uma prova de 6km. Para não perder a inscrição, resolvi solicitar à Corpore que alterasse minha inscrição para a corrida de 6km para não perdê-la.

Após um único treino leve de 40 minutos na sexta-feira, fui para a prova completamente frustrado. Corri os 6 quilômetros totalmente despreparado devido ao longo período "no estaleiro", como se diz na linguagem dos corredores amadores.

Ao terminar minha prova, dirigi-me à linha de chegada para acompanhar os corredores na Meia Maratona. Era um belo domingo de sol, céu aberto, clima festivo, todo mundo chegando feliz da vida na Meia Maratona e eu lá frustrado, desanimado por dar 2 passos para trás nos treinos e ainda por cima já tinha engordado uns 3 ou 4 quilos de volta.

Fiquei tão chateado que decidi que se conseguisse retomar os treinos e tivesse condições, correria a Maratona de toda forma. Não queria ficar chateado no dia da Maratona como estava naquele dia.

Voltei aos treinos e levei mais um mês para participar de mais uma corrida, dessa vez de 10km. Porém, naquela corrida bati meu recorde pessoal nos 10km em quase 2 minutos, o que me fez ganhar confiança para a Maratona, tendo a certeza de que meus treinos estavam no caminho correto.

Apesar de meu novo recorde, o Urso estava "voando baixo" e mais uma vez ganhou de mim, terminando a prova 6 minutos mais rápido que eu.

Dessa forma, o placar de nosso duelo que havia começado com 4 × 0 para mim, já estava 4 × 3, numa recuperação fantástica do Urso nas últimas 3 corridas.

Três semanas depois, quando faltava apenas uma semana para a Maratona, participei de mais uma última prova de 10km.

Como eu não treinava com orientação nenhuma, pois não fazia parte de nenhuma equipe nem de assessoria de corrida, não tinha noção de que tipo de treinos precisava realizar para uma prova daquelas.

Fazia apenas treinos de volume e em alguns finais de semana fazia algumas corridas mais longas, com o objetivo de treinar longas distâncias.

Mas dali a uma semana encararia a Maratona.

Ainda marquei, como de costume, uma última consulta com o Dr. Antônio, com o objetivo de pedir uma orientação para a Maratona. Porém, fui com o discurso de que não correria a Maratona inteira. Disse que aproveitaria a estrutura da prova para fazer um treino mais longo e quando me sentisse cansado, aos 25, 28 ou 30 quilômetros no máximo, pararia, pegaria um táxi e voltaria para casa. Só que na verdade minha intenção era, sim, de chegar até o final da corrida, custasse o que custasse.

Ele me olhou com um ar desconfiado, de quem não estava acreditando em nada do que eu estava falando e me orientou sobre como deveria me alimentar antes, durante e depois da prova, dando-me dicas de como percorrer os 42 quilômetros da prova.

E assim, foi só esperar o domingo chegar para encarar mais um desafio dos grandes, com a diferença que, em função dos problemas enfrentados, eu já estava com 105kg (mesmo já tendo descontado o peso da vesícula extraída).

Certamente não chegaria em primeiro na Maratona, mas provavelmente era um dos corredores mais pesados, senão o mais pesado a encarar uma Maratona.

Meu objetivo era o de conseguir concluir a prova e, preferencialmente, dentro do prazo máximo estabelecido pela organização da corrida, de seis horas.

Se conseguisse alcançar esse objetivo, me sentiria novamente um vencedor.

Que viesse a Maratona.

Capítulo 4

É aqui que se separaram os Homens das Crianças!

São as fronteiras da dor e do sofrimento as que separam os homens das crianças.

Do húngaro Emil Zátopek, a "Locomotiva Humana"

Cruzar a linha de chegada de uma maratona pela primeira vez é um momento com consequências para toda a vida. Ao fazê-lo, prova-se algo para si mesmo que jamais será tirado. Deixa-se o evento com sinais evidentes de que se é forte, jovial e corajoso. Uma coisa é imaginar que se tinha capacidade para correr uma maratona; outra bem diferente é saber porque o fez. As primeiras maratonas são imensamente desafiadoras, até mesmo para os corredores mais talentosos. Quarenta e dois quilômetros são um longo caminho a percorrer, para qualquer pessoa. A partir do momento em que se é capaz de assumir e superar um desafio de tais proporções, os benefícios são certos – na forma de confiança, respeito próprio e coragem, e nunca desaparecem.

Mesmo que o processo de treinamento para uma maratona não seja extremamente estimulante para a saúde, ainda assim sugeriria a todos que corressem pelo menos uma maratona, apenas pelos efeitos poderosos que provoca na mente e no espírito. Afinal, não passamos a maior parte da vida duvidando de nós mesmos, pensando que não somos bons o suficiente, não somos fortes o suficiente, não fazemos o certo? A maratona proporciona a oportunidade de encarar essas dúvidas. Ela tem uma forma de analisar o contexto da nossa própria essência, eliminando todas as barreiras protetoras e expondo nossa alma. A maratona diz que o prejudicará, que você ficará desmoralizado e derrotado como um amontoado inerte ao lado da estrada. Ela diz que não pode ser feita – não por você. Ah!, ela zomba de você. Somente nos seus sonhos!

Então, você treina pesado; dedica-se de todo o coração; sacrifica-se e supera os inúmeros pequenos desafios ao longo do caminho. Deposita tudo que conseguiu nela. Mas sabe que a maratona exigirá muito mais de você. Nas profundezas escuras da mente uma voz pessimista está dizendo: Você não consegue. *Você se esforça ao máximo para ignorar essa insegurança, mas a voz não o abandona.*

Na manhã da primeira maratona, a voz da dúvida se multiplica, tornando-se um coro completo. Na altura do quilômetro 30, esse coro está gritando tão alto que é só o que você consegue escutar. Os músculos doloridos e esgotados implorarm que você pare. Você deve *parar. Mas você não para. Dessa vez ignora a voz da dúvida; ignora aquele que diz que você não é bom o suficiente, e só ouve a paixão no seu coração. Esse desejo ardente diz para continuar, para*

42,195

colocar um pé audaciosamente à frente do outro, e em algum lugar você encontra a força de vontade para fazê-lo.

A coragem surge de diversas formas. Hoje você descobre a coragem para continuar tentando, para não desistir, por mais terríveis que as coisas se tornem. E elas se tornarão terríveis. Na marca do quilômetro 40, você quase não conseguirá ver mais o percurso, a visão se torna vaga e vacilante ao mesmo tempo que a mente oscila nos limites da consciência.

E então, repentinamente, a linha de chegada floresce à sua frente, como um sonho. Um nó se forma na garganta durante o percurso daqueles poucos passos finais. Agora, você finalmente consegue responder à irritante voz com um inequívoco Sim, eu posso!

Sua explosão ao cruzar a linha de chegada, cheio de orgulho, para sempre livre da prisão da insegurança e das limitações autoimpostas que o mantiveram prisioneiro. Você aprendeu mais sobre si mesmo nos últimos 42 quilômetros do que em qualquer outro dia de sua vida. Mesmo que não consiga andar mais tarde, você nunca foi tão livre. Completar uma maratona é mais do que apenas algo que se ganha; um maratonista é alguém em quem você se transforma.

Enquanto estiver sendo ajudado na linha de chegada, envolto em um cobertor fino de Mylar, mal conseguindo levantar a cabeça, você está em paz. Nenhuma luta, dúvida ou fracasso futuros podem remover o que realizou hoje. Você fez o que poucos farão – o que pensou jamais conseguir fazer, e é o despertar mais glorioso e inesquecível. Você é um maratonista e usará essa distinção não na lapela, mas no coração, para o resto da vida.

50 Maratonas em 50 Dias, de Dean Karnazes

Dia 4 de junho de 2006.

Minha primeira Maratona. Chegara o grande dia.

Como sempre, realizei meu ritual de acordar, tomar café, me vestir e ir para a corrida.

Dessa vez, resolvi ir de táxi, pois não sabia se teria condições físicas para dirigir na volta.

Então combinei com a Patrícia de ir me buscar na chegada, próximo das 15h00, no Ibirapuera.

Ao chegar na arena do evento, sentia um clima diferente das outras corridas, afinal não era uma prova qualquer. Nas semanas que antecederam a prova, comecei a trocar mensagens pelo Orkut com o pessoal de uma nova equipe de corrida que estava se formando. Não era uma assessoria de corrida, com professores e treinos regulares, mas apenas um grupo de amigos que estava formando uma nova equipe para dar suporte aos corredores "avulsos" que quisessem participar das corridas. Fiquei de ir procurá-los antes da Maratona e fui ao encontro deles. Fui muito bem recebido por eles. Uma equipe que começava com seus 10 participantes inicialmente, mas que no futuro viria a ter 50, 60 participantes por corrida.

Fui muito bem recebido pelo idealizador da equipe, chamado Ricardo. Apresentei-me, falei que era o Fauzer do Orkut e que havíamos conversado nas últimas semanas.

Ele foi muito receptivo e sugeriu que eu deixasse minha mochila na tenda da equipe. Disse a ele que era melhor não, que eu deixaria no guarda-volumes da prova, e ele insistiu:

— Pode deixar aqui, sem problemas, que tomamos conta.

— Eu vou demorar muito para chegar, é melhor utilizar o guarda-volumes – repeti.

— Mas nós esperamos, fica tranquilo.

— Mas eu devo terminar a prova em "6 horas"!

— É, realmente é melhor você colocar no guarda-volumes, pois já devemos ter ido embora quando você chegar – respondeu Ricardo.

O "devo demorar" que havia dito a ele deve ter passado a impressão que eu demoraria umas 4 horas, ou 4 horas e meia para completar a corrida, mas "6 horas" era realmente demais.

Acabei levando minha mochila para o guarda-volumes e fui para a largada.

Ao largar, na primeira curva que contorna a praça do obelisco no Ibirapuera, encontro o Denílson assistindo a passagem dos corredores na largada e ainda faço um aceno para ele.

Eu estava tão empolgado que no segundo quilômetro já havia abaixado em 2 minutos o tempo programado para o trecho. O que era um péssimo sinal, pois essa energia extra gasta no trecho inicial certamente me faria falta algumas horas depois.

Próximo ao quilômetro 4, ainda no meio do tumulto do início da prova, cruzei com o Urso do Cabelo Duro, mas vi pela cor do seu número de peito que ele estava correndo a prova de 10 quilômetros.

Isso me fez me autodeclarar "Campeão Moral" daquela prova no nosso duelo, afinal eu não poderia comparar os dois resultados por serem provas totalmente distintas, mas o fato de eu estar na Maratona e ele na prova de 10 quilômetros me concedia uma vitória moral.

Após o quilômetro 5 perdi o Urso de vista, pois ele fez o retorno para voltar à largada e eu segui em frente para a Maratona.

Até a marca da Meia Maratona, fui desenvolvendo bem o ritmo, cheguei a cruzar os 10 primeiros quilômetros da prova com um tempo similar ao de minhas corridas de 10 quilômetros. Isto é, estava imprimindo um ritmo de uma prova de 10km e não de uma Maratona. Fui lentamente reduzindo a velocidade, em função também do cansaço e do calor.

No momento que ingressei na USP, já no quilômetro 23, estava tudo bem, até que o vazio da USP, já que não há nenhum público neste trecho da prova e os corredores já estão muito espaçados devido às mais de 3 horas de prova já percorridas, meu psicológico começou a minar.

42,195

Comecei a me sentir psicologicamente mais cansado e sentir cada vez mais vontade de terminar a corrida, mas em nenhum momento pensei em parar.

Quando saí da USP para a Av. Escola Politécnica, então, foi muito pior. Se eu estivesse delirando, já estaria enxergando aqueles rolos de feno voando pela pista, como num deserto. Não havia quase nenhuma alma na rua, a não ser alguns valentes corredores muito espaçados uns dos outros com cara de cansaço, como se fossem zumbis vagando no limbo de uma noite sombria.

Os 4 quilômetros daquela avenida devem ter levado uns três dias para passar.

De volta à USP, ainda fomos agraciados por umas íngremes ladeiras para tornar a brincadeira ainda um pouco mais difícil.

Quando alcancei o quilômetro 30, ao redor da Praça da Reitoria, meu cronômetro cravava quatro horas de corrida. Não sei se pela exaustão física ou se pela famosa "mística" do quilômetro 30, senti um cansaço repentino como se tivesse vestido um casaco de chumbo ao passar pela marca de quilometragem.

No início do quilômetro 31 ainda tinha uma curta, porém íngreme subida dentro da USP que serviu para minar ainda mais minhas forças.

Pela primeira vez em 23 corridas comecei a caminhar.

Para não ficar mais desanimado, ainda procurei me consolar com a desculpa de que era uma Maratona.

Havia conseguido correr 31 quilômetros e só então passei a caminhar. Como se, por ser uma Maratona, eu tivesse o direito de caminhar, o que eu nunca tinha feito nas corridas de 5, 6, 9, 10, 11, 12 ou até mesmo 15 quilômetros.

Mesmo assim, dizia a mim mesmo que era uma Maratona, que tive pouco tempo de treino, que tinha passado por uma cirurgia 2 meses antes e assim por diante.

Tudo era desculpa para me consolar por estar caminhando.

Passei a intercalar corrida e caminhada. Corria 700 metros e andava 300.

Com o pouco de cérebro funcionando que me restara e com muita dificuldade, fiz o cálculo que tinha o equivalente a 10 minutos por quilômetro de tempo para conseguir finalizar a prova abaixo das 6h00 oficiais.

Era tempo o suficiente para ir andando, mas como o cansaço era extremo, corria o risco de não conseguir.

Uma vez ouvi dizer que quando uma determinada parte do corpo está passando por forte estresse, o corpo humano redireciona o sangue da circulação para irrigar melhor aquele órgão estressado, diminuindo a circulação em outras áreas menos necessitadas naquele momento. A sensação que eu tinha era que isso estava acontecendo. Com o passar da corrida, comecei a ter dificuldade em raciocinar e principalmente de fazer contas.

Quilômetro a quilômetro, ia calculando, dentro do plano realizado, a diferença do tempo real para o tempo projetado impresso em duas pulseiras de papel presas aos pulsos os tempos de cada quilômetro. Porém, após os primeiros 25 quilômetros passei a sentir a cada quilômetro mais dificuldade de efetuar as contas. Era difícil fazer até mesmo uma simples conta de adição ou subtração.

Ao me aproximar do quilômetro 34, de repente, deparo-me com uma cena inusitada. A uns 200 metros à minha frente, já na Av. da Raia Olímpica dentro da USP, bem em frente aos prédios das repúblicas da USP, me deparo com um corredor aos berros gritando em direção aos prédios, discutindo com alguém nas janelas.

Já se passavam 4h30 de prova e o jovem que morava na república gritava:

— Corre, seus trouxas! A prova já acabou faz tempo! Vocês são uns otários! Vão pra casa, otários...

E o corredor à minha frente respondia com toda força:

— Desce aqui, seu maldito. Desce, que eu estou tão cansado que só vou te matar. Desce, seu covarde!

Apertei o passo e cheguei junto a ele, dizendo:

— Calma rapaz. Esquece o sujeito. Estamos correndo uma Maratona e ele deve estar lá se drogando ou fumando maconha. Esquece o cara. Vamos embora juntos que te acompanho.

O cronômetro já apontava quatro horas e trinta minutos de corrida e eu lhe disse:

— Faltam 8 quilômetros e temos 80 minutos para completar a prova. Vou monitorar o tempo para chegarmos antes de 6 horas de prova.

E saímos da USP juntos, conversando. Perguntei seu nome e o que fazia. Ele respondeu:

— Me chamo Eduardo e trabalho numa empresa de Informática.

O nome da empresa estava em sua camisa. Eu disse que conhecia a empresa também, pois também trabalhava na área de Informática. Me apresentei e a cada quilômetro que passava eu ia dizendo:

— Fizemos este quilômetro em 9min14s. Ganhamos 46 segundos em relação ao tempo final.

Fomos alternando caminhada e corrida juntos para não perder o tempo em relação ao tempo máximo de chegada.

Nos 8 quilômetros finais da Maratona de São Paulo, passamos por 3 túneis. Passamos o primeiro túnel juntos e nos deparamos com um *banner* no meio da rua, escrito: "Laranja do km 36". Ao lado do *banner* uma mesa de um tradicional grupo de voluntários servindo laranja, melancia e bolachas para os maratonistas naquela altura da corrida.

Senti-me passando por um oásis no meio do deserto. Após 5 horas sem ter comido nada, apenas tomando água e ingerindo gel de carboidrato, chupar uma laranja foi um manjar dos deuses. É difícil de acreditar que no mundo de hoje ainda há gente voluntária capaz de ajudar o próximo pelo simples prazer de ajudar.

Foi o combustível que faltava para aguentar os quilômetros finais da corrida.

Entramos juntos no segundo e mais longo túnel cuja saída acontece no quilômetro 38. Naquele ponto, o Eduardo estava mais inteiro que eu e apertou o passo, me deixando para trás. Eu estava mais cansado que ele e deixei-o ir em frente. O encontraria na linha de chegada. Atravessei o 38º quilômetro sob os olhares incrédulos dos motoristas na pista contrária da Av. Pres. Juscelino Kubitschek. Como a outra pista e parte das ruas do Ibirapuera ainda estavam bloqueadas para a corrida, o trânsito estava congestionado em pleno domingo às 14h30.

Olhava para alguns carros, quando as primeiras dores de câimbras já davam sinais de vida nas minhas panturrilhas.

Finalmente ingressei no último túnel, logo após a placa do quilômetro 39. O túnel estava escuro, abafado e vazio. O cansaço me consumia e as passadas ecoavam no túnel. Eis que entram atravessando o túnel 2 ambulâncias a toda velocidade e com as sirenes ligadas. O som das sirenes era ensurdecedor.

Eu já havia passado a corrida "fugindo" dos ônibus, mais conhecidos como "cata-morto", famosos por recolherem os atletas machucados, cansados, que desistiram da prova ou que estavam além do tempo proporcional ao trecho da prova para poder completar a corrida dentro do tempo oficial.

Esse ônibus vem andando calmamente atrás no final da corrida. Se estamos muito atrás, sentimos como se fosse a morte à espreita, prestes a te engolir assim que você se distrair.

O som estridente das sirenes das ambulâncias, amplificado pelo eco do túnel deserto, e a visão delas passando por nós a toda velocidade era o que faltava para me abalar um pouco mais. Quando, quase que por milagre, as ambulâncias saíram do túnel, senti-me aliviado, mas por poucos segundos.

Já faltavam menos de 30 minutos para o término da prova. Enquanto eu só conseguia pensar em controlar minha caminhada passada a passada, entram no túnel um professor de corrida com dois alunos. Este professor, descobri mais tarde, pois nunca o tinha visto, é famoso no mundo das corridas por seu jeito diferente de ser e por sempre correr sem inscrição e por sua aparência "diferenciada", com uma cabeleira longa. É um ultramaratonista, mas para mim não passava de um grupo de três retardados gritando no túnel:

— Que pena que acabou!

— Que pena que acabou!

— Que pena que acabou!

Mais uma vez, aqueles gritos ecoavam no túnel e me deixavam atordoado. Eu, já na rampa de subida do túnel, vi no final da subida a placa "Km 40".

A imagem da placa, me mostrando que pela primeira vez na vida eu tinha completado 40 quilômetros de corrida (e caminhada) ininterrupta me deixaram emocionado. O ingresso na 40ª dezena então era uma prova de que a corrida estava realmente chegando ao fim.

Não aguentando tanto cansaço e com tudo isso passando pela cabeça, saí do túnel aos prantos, chorando de cansaço, de satisfação, de dor, de emoção.

Eis que os três patetas me alcançam, passam por mim e um deles ainda vem me estender a mão, para me dar "Oi".

Literalmente mandei-o à merda, uma vez que já me encontrava psicologicamente nocauteado e fisicamente destruído.

Percorri os 1.500 metros seguintes aos prantos, procurando me controlar para não chegar fazendo um papelão. Nos últimos 500 metros, já com a visão do pórtico de chegada ao alcance dos olhos e ouvindo a música tocando, consegui extrair minhas últimas sobras de energia e cheguei correndo, para não fazer feio.

Cruzar a linha de chegada ao som do "Tema da Vitória", aquela música famosa das vitórias de Ayrton Senna, foi a gota d'água. Poucos passos à frente do tapete de cronometragem da chegada encontro a Patrícia me esperando. Não consegui falar nada. Apenas a abracei e desatei a chorar. Chorei muito e a única frase que ela me disse foi:

— Você conseguiu, não é?

Eu tinha conseguido.

Percorri os 42.195 metros em 5 horas, 54 minutos e 2 segundos. Consegui meu objetivo de completar minha primeira Maratona abaixo do tempo limite estabelecido pela organização da prova, com 105 kilos nas costas e dois meses após uma cirurgia.

"Completar uma maratona é mais do que apenas algo que se ganha; um maratonista é alguém em quem você se transforma" – disse Dean Karnazes.

Eu havia acabado de me transformar num "Maratonista".

No mundo das corridas se diz que é aqui que se separam os homens das crianças.

Apesar de chorar como uma criança, eu tinha sido promovido de Criança a Homem no Atletismo.

A partir daquele dia passei a ter certeza de que podemos mais do que imaginamos.

Por muitas vezes, daquele momento em diante, ao contar que tinha corrido uma Maratona, ouvia as pessoas indignadas me dizerem:

— Você, correu uma Maratona? Deixa de brincadeira...

Corri sim... Corri, chorei e terminei.

Tive as mais diversas sensações que se pode ter durante a realização de um esporte: dor, satisfação, cansaço, dúvidas, emoção, prazer. Mas os sentimentos de realização e vitória pessoal gravados na minha alma são para o resto da vida.

Cinco minutos após a chegada, o corpo já enrijeceu inteiramente. Não cheguei a ter câimbras, mas mal conseguia andar. Ainda procurei o Eduardo para dar-lhe um abraço pela nossa façanha, mas não o encontrei. Provavelmente ele já teria ido embora, também cansado demais.

Fui "rebocado" para casa pela Patrícia. Tomei um dos banhos mais "doloridos" da minha vida em razão da quantidade de bolhas que eu tinha nas solas dos pés. Bolhas de água, de sangue, até mesmo de suor e lágrimas. Fui tratá-las para depois descansar.

Não há bolha no pé que não valha a pena após uma conquista dessas.

E o Urso do Cabelo Duro?

Provavelmente já estava em casa há muitas horas. Já devia ter voltado para sua toca e para a sua hibernação, para recuperar as forças e se preparar para me dar o bote na próxima curva, na primeira oportunidade que tivesse.

Capítulo 5

A primeira Meia, depois da Inteira

Depois da Maratona, tirei um merecido descanso.

Fiquei sem correr por três semanas, recuperando-me fisicamente da Maratona.

Na primeira semana pós-Maratona, mal conseguia andar. A musculatura enrijecida ao máximo, muito dolorida.

Mas a cabeça não parava de funcionar. Lembrava de cada momento, cada curva, cada acontecimento. A sensação era de ressaca pós-festança. Muitas vezes, ao lembrar da chegada, dos últimos quilômetros, começava a chorar, solitariamente.

Na quarta semana após a prova comecei a treinar levemente, pensando que talvez estabelecesse como minha próxima meta diminuir meu tempo nas provas de 10 quilômetros. No fim de semana seguinte eu tinha uma nova prova de 10 quilômetros. Passei muito tempo lembrando do Eduardo. Vi pelo resultado da prova que ele havia chegado em torno de 3 minutos na minha frente.

No final de semana seguinte, no sábado, o Brasil disputava as quartas de finais da copa da Alemanha contra a França no futebol. Joguinho ruim, 1×0 para a França e adeus ao sonho do hexacampeonato. No domingo de manhã, fui correr com a camisa da seleção brasileira. O clima de ressaca pós-eliminação pairava na arena da corrida. A manhã estava muito feia, fria e chuvosa. Muitos me olhavam até com certa cara torta ao me ver com a camisa da seleção.

Ao chegar na arena do evento me prontifiquei em procurar o Eduardo na tenda da sua equipe. Encontrei-o, me aproximei e perguntei:

— Olá, você se lembra de mim?

— Claro, como você está? - respondeu, dando-me um forte abraço.

— Falei de você para todo mundo na empresa. Contei que me ajudou e me salvou naquele momento da briga com o cara da república da USP. Queria te agradecer por ter me ajudado - completou.

— Não se incomode. Eu o procurei ao término da Maratona, mas não o encontrei.

— Quando cheguei, fui embora imediatamente. Estava simplesmente "morto". Na empresa, presentearam todos os concluintes da Maratona que a representaram com um tênis de corrida.

— Que legal - respondi.

Ele havia ganhado um par de tênis de corrida por ter completado a Maratona representando a empresa, o que era um ótimo presente visto que um bom tênis de corrida custa em torno de R$ 500,00.

Participei da corrida, em ritmo de ressaca da Maratona, do domingo chuvoso e da derrota do Brasil na Copa.

Nos meses que se seguiram ainda participei de mais algumas corridas de 10 quilômetros, porém, não conseguia melhorar meus tempos. Por mais que treinasse, meus tempos continuavam, prova após prova, na mesma.

No início de agosto, já correndo pela equipe do Ricardo, fui participar de minha primeira Meia Maratona em São Bernardo do Campo.

Curiosamente, eu devo ser um dos poucos e inusitados casos de um corredor que correu sua primeira Meia Maratona "após" ter corrido uma Maratona completa.

Nos meus planos iniciais, correria em abril a Meia Maratona da Corpore como preparação para a Maratona de São Paulo, mas com a cirurgia da vesícula não foi possível. Dessa forma, acabei indo para a Maratona de vez e acabei inaugurando minha carreira nas Meias Maratonas dois meses após ter participado da Maratona.

O Denílson me acompanhou na prova, me "puxando", como se diz no jargão das corridas.

Faltando uns 4 quilômetros para o término da Meia Maratona, com quem eu cruzo? Com os "Três Patetas". Os mesmos "Três Patetas" que me atormentaram no último túnel da Maratona. Eu já havia contado a história para o Denílson e ele, sabendo da história, entendeu quando me viu perder o humor ao vê-los. Ele achou que eu fosse avançar nos três, de tanta raiva. Ele me segurou, e me afastou dali. Terminamos a prova em 02h41min43s.

Naquela altura, a Meia Maratona era o que faltava no meu *curriculum* esportista e eu acabara de preencher a lacuna. Nos dias seguintes, o Denílson comentou comigo ter ficado muito preocupado naquele momento em que encontramos os "Três Patetas", achando que eu realmente fosse partir para a ignorância contra eles. Comentou que nunca havia me visto transtornado daquele jeito.

Até o mês de outubro, voltei a encontrar o Urso em mais três corridas, e o resultado foi uma verdadeira surra.

O Placar já tinha pulado, dos 4 × 0 iniciais a meu favor para 4 × 6 em favor dele. Estagnei na quarta vitória, enquanto ele me atropelava prova após prova.

A cada prova que participava, ficava mais indignado e voltava com mais desejo de treinar para recuperar a diferença contra ele.

Em setembro, numa das comunidades que participava no Orkut, deparei-me com uma figura ímpar. Vi o perfil de uma senhora de 60 anos de idade, que corria Maratonas. Seu álbum estava repleto de fotos de sua equipe e suas corridas. Em todas as fotos estampava um enorme sorriso no rosto.

Costumava dizer que eu tinha cara de Buldogue nas minhas fotos de corrida, pois devido ao cansaço, não conseguia sorrir.

Ela, com 60 anos de idade, praticamente gargalhava em todas as fotos das corridas. Seu nome é Lucina. Enviei a seguinte mensagem para ela pelo Orkut:

> *Prezada Sra. Lucina,*
> *Você não me conhece, mas já sou seu fã. Sou um corredor amador e vi seu álbum de fotos de corridas com muito sorriso no rosto e alegria de viver. Te considero um verdadeiro exemplo a ser seguido. Parabéns.*
> *Um abraço carinhoso de seu novo fã,*
> *Fauzer.*

Ela me respondeu agradecendo os elogios, com muito humor e irreverência. Combinei de encontrá-la pessoalmente em alguma corrida.

Na semana seguinte participei da corrida de 7 de Setembro, organizado pela JJS, empresa do campeão da São Silvestre nos anos 80, José João da Silva.

Quando cruzei a linha de chegada, vi uma senhora agitada, de 1 metro e 60 de altura no máximo, cabelos todos brancos, óculos e muita vitalidade: era a Lucina. Fui cumprimentá-la e me apresentei dizendo que era o Fauzer do Orkut.

Ela me deu um forte abraço e se tornou, a partir daquele dia, uma das pessoas que mais admiro na minha vida, passando a ser uma grande amiga minha.

Dessa forma, os meses se passaram sem que minha *performance* melhorasse e sem conseguir ganhar do Urso.

No meu trabalho fui convocado para, no início de dezembro, participar de uma convenção de *Marketing* da empresa em que eu trabalhava, em Houston, nos Estados Unidos da América.

Passei a pesquisar na Internet, em alguns *sites* de Maratonas e corridas americanas, se teria alguma prova que eu pudesse participar no fim de semana em que viajasse para lá. Teria que chegar em Houston no domingo, dia 3 de dezembro, pois na segunda-feira começaria a convenção, estendendo-se até sexta.

Voltaria na sexta-feira à noite, chegando em São Paulo no sábado pela manhã, sendo que no domingo tinha mais uma vez a prova Sargento Gonzaguinha, seletiva da São Silvestre. De repente, descobri que a Maratona de *Palm Beaches* aconteceria no próprio domingo, dia 3 de dezembro em *West Palm Beach*.

West Palm Beach fica em torno de 100 quilômetros ao norte de Miami. Eu teria que passar obrigatoriamente por Miami na ida para Houston. Então pensei: por que não ir um dia antes, parar em Miami, alugar um carro por conta própria, dormir em *West Palm Beach*, correr a Maratona no domingo, voltar para Miami no domingo à tarde e pegar o avião para Houston? Chegando em Houston no domingo à noite, durmo, descanso e na segunda-feira de manhã estou a postos para a convenção da empresa.

Um plano perfeito.

E assim, me preparei para fazer a loucura. Reservei tudo conforme o plano, programei-me para pagar o aluguel do carro em Miami, a estada extra e a alimentação por minha conta e combinei com um colega meu da empresa, o Jaison, de ir me buscar no aeroporto de Houston no domingo à noite.

Porém, nos dois meses finais que antecederam a viagem e a Maratona, meus treinos foram bem pobres, não consegui treinar o mesmo volume que havia treinado antes da Maratona de SP. Cheguei a menosprezar um pouco a Maratona, achando que tiraria de letra a prova, visto que já tinha passado pelo pior, que era a Maratona de São Paulo, há apenas 2 meses de uma cirurgia.

Mesmo assim, parti para o novo desafio. Seria minha 41ª corrida na carreira e minha 30ª só naquele ano de 2006.

Contei para todo mundo da equipe que participaria da Maratona de *Palm Beaches* e todos me apoiaram. Cheguei a pedir para o Ricardo que fizesse uma camisa especial da equipe para mim, com a bandeira do Brasil. Ele mandou confeccionar a camisa para mim que além da bandeira ainda tinha meu nome impresso nas costas.

Fiquei muito agradecido ao Ricardo pela camisa, fiz as malas e parti para o novo desafio.

Capítulo 6

Correndo uma Maratona dentro de uma Sauna

Lutamos uma guerra silenciosa contra o objetivo, contra alcançar nosso destino mais distante. A guerra é, em resumo, uma obrigação humana permanente. O corredor luta nessa guerra contra o mais cruel dos inimigos: ele mesmo.

O maratonista exige mais de si mesmo do que o razoável. Ele comanda o corpo e a mente para fazer o impensável, para resistir às adversidades inconcebíveis, tudo em nome de cumprir algo que considera nobre e compensador.

50 Maratonas em 50 Dias, de Dean Karnazes.

42,195

Sexta-feira, dia 1º de dezembro de 2006, parto para mais uma epopeia.

Embarquei para Miami sozinho, conforme o planejado. Todos da empresa que iriam para o evento fariam escala em Miami, mas já iriam para Houston direto.

Cheguei em Miami no sábado pela manhã, aluguei um carro e fui passear pela cidade. Na hora do almoço, combinei de almoçar com um casal de amigos que havia reencontrado no Orkut, depois de mais de 20 anos sem revê-los, Sandra e Gary.

Fui à residência deles e almoçamos juntos. Contei-lhes da minha "missão": correr em *West Palm Beach*, voltar, pegar o avião no domingo e ir para Houston. Após o almoço, resolvi rapidamente ir para *West Palm Beach* para não ficar preocupado. Prometi revê-los no domingo.

Peguei a estrada e após uma hora estava chegando ao hotel reservado em *West Palm Beach*. Nada como o *GPS*. Não temos que nos preocupar em errar o caminho.

Acomodei-me no hotel e percebi uma movimentação de corredores que participariam da corrida.

Como estava sozinho, saí para dar uma volta e ir buscar o *kit* da corrida. O *kit* foi entregue numa praça na área interna de um *shopping center* central em *West Palm Beach*. Um lugar muito bonito e agradável. Fui com a camisa da Seleção Brasileira de Futebol, na esperança de encontrar outro brasileiro perdido por aquelas bandas. A corrida devia ter uns 2.000 corredores inscritos, porém, mais da metade correria apenas a Meia Maratona. Menos de mil corredores fariam a Maratona inteira.

Achei engraçado meu número de peito: "36". Não sei qual o critério utilizado para definirem a numeração, mas acabei ficando com um número de "elite". Brinquei com todos pelo *e-mail* que largaria no pelotão de elite, devido à baixa numeração. Ainda passeei pela feira de esportes da Maratona e comprei umas camisetas, de alta qualidade por sinal. Uma delas foi presente para o Dr. Antônio na volta da viagem.

Quando retornei ao hotel, em torno das 8h30 da noite, fui me informar sobre o horário do café da manhã no hotel. O hotel era cadastrado como um dos que estavam apoiando a Maratona e eu havia lido em seu *site*, quando fiz a reserva, que o café da manhã seria iniciado às 4h00 da manhã para os corredores. Este foi um dos motivos para eu selecionar aquele hotel para o pernoite.

Surpreendentemente fiquei sabendo que o café da manhã seria aberto apenas às 6h00 da manhã, no horário comum dos hotéis. Fiquei indignado, pois a largada da Maratona seria às 7h00. Precisaria pensar num plano B para o café da manhã.

Precisei sair correndo procurando algum supermercado para poder comprar uns *bagles*[2] e um pote de margarina para poder fazer o café da manhã no quarto do hotel.

Como tradição, antes de embarcar para os Estados Unidos da América, havia marcado um retorno no Dr. Antônio para as tradicionais dicas pré-prova, principalmente por essa ser no exterior. Ele já havia comentado para eu comprar pães e mantimentos para me garantir. Mas como o hotel era parceiro da organização da Maratona, não contava com a surpresa.

Felizmente encontrei um supermercado que fechava às 21h00 e deu tempo para comprar algo.

Retornei ao hotel e fui dormir para descansar.

Acordei às 4h30 da manhã para poder tomar o café com calma no quarto e pegar o ônibus, que também estava previsto no *site* da Maratona que de 15 em 15 minutos levariam os corredores do hotel para a arena de largada do evento.

Às 5h30 da manhã eu estava na recepção do hotel aguardando um ônibus. Logo que cheguei tinha acabado de sair um ônibus lotado. Deveria aparecer outro em torno de 15 minutos depois. Passaram-se 40 minutos e nada de outro ônibus aparecer. A quantidade de corredores aguardando condução só aumentava, todos reclamando, preocupados com o horário e sem ter uma fila de ordem de chegada para o embarque. Provavelmente, quando o ônibus aparecesse, todos avançariam desesperados sobre ele para poder chegar na arena do evento. Ainda queríamos ter tempo suficiente para nos aquecer.

---

2 N. da R.: *Bagles* é um tipo de pão de leite em formato de anel, muito consumido nos E.U.A.

Resolvi voltar ao quarto, pegar as chaves do carro e ir de carro. Ainda realizei a manobra de fuga de automóvel escondido do resto dos corredores, sem querer fazer muito alarde, pois fiquei preocupado em ter minha movimentação percebida pelos outros e todos quererem carona, sendo atacado como naqueles filmes de zumbis que cercam seu carro, começam a chacoalhá-lo e no final você tem que sair pela janela quebrada e fugir antes que te devorem vivo.

Não tinha o endereço do local da arena do evento e não sabia como chegar lá. Eram 6h25 da manhã e eu rodando pela cidade sozinho, pensando que já deveria estar me aquecendo, preocupado em perder a largada. Achei a arena da prova próximo já das 6h45. Encontrei um estacionamento há umas três quadras da arena, pois as ruas já estavam fechadas para a largada e praticamente "abandonei" o carro lá. Meu aquecimento foi a corrida que precisei fazer para chegar a tempo para a largada.

Quando cheguei na arena do evento, já se passavam das 6h50. E eu suado, com o coração batendo a mil e nervoso.

Posicionei-me na parte final da largada como sempre e encontrei um rapaz com uma camisa da seleção brasileira. Aproximei-me dele e perguntei se era brasileiro. Sim, era um gaúcho que morava em Miami e correria uma Maratona pela primeira vez. Seu nome era Marcelo. Ficamos conversando um pouco e ele me contou que sua estratégia seria correr 1 milha e caminhar 1 milha, para não se desgastar, já que a Maratona nos Estados Unidos da América é medida em milhas, num total de 26,2 milhas.

A largada foi dada ainda com o céu escuro e partimos para o desafio. Milha após milha, fui novamente controlando meu tempo por minhas pulseiras de tempo no braço. Comecei muito bem a prova e fui ganhando preciosos segundos milha após milha sobre o tempo planejado.

O dia começou a amanhecer e o calor também deu o ar da graça. A temperatura aumentou rapidamente e às 10 horas da manhã chegava aos 33°C. Com um detalhe, a umidade relativa do ar estava em 92%, isto é, a sensação era de estarmos correndo numa sauna ao ar livre, tamanho abafamento.

Uma das maiores curiosidades da Maratona era que, no decorrer do ano, os moradores da cidade e arredores podiam se cadastrar para serem responsáveis pelos postos de água, e durante a Maratona havia um concurso do posto de água mais bem decorado, inclusive com premiação ao posto de água mais original.

Então, ao nos aproximarmos dos postos de água, víamos as cenas mais inusitadas possíveis. Numa delas a decoração era do Havaí, então fizeram um painel de praia, mar e golfinhos e um palco com 5 "rapazes", com idade média de 50 anos de idade, vestidos de havaianas e dançando Ula-Ula, ao som de música havaiana, enquanto as mulheres distribuíam a água ao longo da pista, também vestidas de sarongues.

Em outro posto, o tema da decoração era "Las Vegas", com todas as meninas vestidas de coelhinhas, ao melhor estilo de garçonetes de cassino. Era um belo visual.

Enquanto isso, numa milha o Marcelo passava por mim correndo, na milha seguinte eu passava por ele, quando ele estava caminhando. E assim fomos até a metade da prova.

Ao passarmos pela marca da Meia Maratona, a corrida esvaziou quase que totalmente, pois a grande maioria dos corredores havia completado a Meia Maratona e abandonado a pista. Logo em seguida ingressamos em uma larga avenida, vazia e quente, muito quente, sem nenhuma sombra para nos protegermos do sol.

No primeiro quarto da prova eu havia ganhado vários minutos sobre o tempo previsto, chegando a ter uma previsão otimista de que, naquele ritmo, até conseguiria terminar a prova abaixo de 5h30 ou até mesmo 5h15, batendo meu recorde e retornando ao Brasil como um herói.

Porém, ao cruzar a metade da prova, já havia consumido todo o tempo economizado anteriormente, e minha velocidade despencava rapidamente, como que num abismo.

Ao passar ao lado do pórtico de chegada em que os concluintes da Meia Maratona festejavam sua façanha, ainda pude ouvir algumas pessoas nos incentivando, dizendo:

— *Good job, boy. Congratulations, you're doing well!*

Apesar das palavras de incentivo, eu não estava nem um pouco animado com a perspectiva do término da prova. Perdi o Marcelo de vista, imaginando que, ou ele estaria muito à minha frente, ou ele teria abandonado a prova, uma vez que ao fazer o retorno adiante e voltando pela mesma rua não o vi mais.

Já em torno da milha 20, vejo adiante um posto de água, como que em uma miragem. Já não aguentava mais tomar água e carboidrato em gel nas últimas 5 horas.

Ao me aproximar, vi que a "decoração" daquele posto eram motoqueiros barbudos e cabeludos, típicos daqueles grupos de motoqueiros da Rota 66. Um deles se levantou e se aproximou de mim com um copo estendido nas mãos, me oferecendo em inglês:

— Aceita um copo de cerveja?

Achei que a oferta fosse parte do "cenário" do posto de água e aceitei o copo, virando-o quase inteiro de uma vez, tamanha a sede, o cansaço e o desgaste.

Para minha surpresa, era cerveja mesmo. Continuei caminhando, me controlando para não vomitar. Achei que fosse brincadeira a oferta. Quem ofereceria cerveja a um corredor numa Maratona, sob um sol de 33°C? Aquele gosto, misturado ao gel de carboidrato e à toda a água que havia tomado, quase me derrubou. Era a última coisa que queria tomar naquele momento. Joguei o restante do copo fora e levei vários minutos para me recompor daquele gosto e daquele susto.

Em torno da milha 23, passamos novamente pela linha de largada, o mesmo local da chegada, mas o fato de saber que ainda teria que correr 3,2 milhas (mais de 5 quilômetros) era angustiante. Não há coisa pior do que estar terminando uma prova longa como uma Maratona e passar ao lado do pórtico de chegada, tendo ainda 5 quilômetros pela frente. É angustiante.

Novamente os meio-maratonistas se refrescando ao lado da chegada diziam:

— *Good job, boy. Congratulations, you're doing well!*

Em vez de me sentir incentivado, sentia raiva. Pensei seriamente em parar e abandonar a prova. Já havia percebido que não conseguiria terminar a prova em menos de 6h00 e minha esperança de ser recebido como herói no desembarque cedia lugar à insegurança de ser gozado pelo resultado acima de 6 horas.

De repente, me veio a imagem dos meus amigos no Brasil, do Ricardo que fez a camiseta especial para mim para aquela prova, do Denílson, que estava aguardando respostas, e de vários outros. Pensei comigo: como os encararia na volta se não completasse aquela prova? Seria um verdadeiro fiasco.

Precisava terminar aquela corrida de qualquer forma. E fui adiante.

Na antepenúltima milha, fiz uma curva numa esquina de uma área residencial já praticamente deserta de corredores e vi no meio do quarteirão um senhor aparentando não menos que 80 anos de idade sentado numa cadeira de praia, no gramado em frente à sua casa, sozinho. Ao seu lado, uma mesinha com uma jarra de vidro de água com gelo e alguns copos de vidro.

Ao me ver fazendo a curva, ele levantou calmamente e encheu um copo enquanto eu me aproximava. Quando o alcancei, ele me ofereceu o copo e apenas disse:

— Você quer um copo com água?

Fiquei impressionado com aquela cena. Nunca mais esquecerei disso. Não era um posto de água, nem eram copos plásticos. Ele me ofereceu como se fosse seu conhecido. Aceitei o copo e a primeira frase que me veio à cabeça para responder foi:

— Muito obrigado, Deus te abençoe.

Devolvi o copo e me afastei rumo ao término da corrida. Não conseguia dar nem mais um passo correndo. Percorri as últimas 7 ou 8 milhas caminhando. Ao me afastar daquele senhor, olhei para trás e ainda o vi se sentando calmamente de volta à cadeira, para aguardar o próximo "corpo semimorto" que aparecesse na curva anterior, para confortá-lo com um gelado copo com água.

Em torno de 20 minutos depois, consegui alcançar o pórtico de chegada. Dez metros antes de cruzá-lo, ainda tive forças para sacar do bolso uma pequena bandeira do Brasil que carreguei durante todo o percurso para cruzar a chegada e ser fotografado com ela em punho.

Fui o 595º colocado de um total de 622 concluintes da Maratona. Absolutamente exausto, cheguei com 06h24min50s. Um verdadeiro fiasco, na minha primeira impressão sobre meu resultado. Retirei minha bela, grande e porque não, merecida medalha, peguei meus pertences no guarda-volumes e me arrastei por três quarteirões até o carro.

Voltei para o hotel em estado lastimável.

Fui tomar mais um dolorido banho pós-maratona, pois a musculatura estava toda doída e eu ainda estava todo queimado pelo sol, após aproximadamente 5 horas de exposição a um sol de 32°C em média. Meus pés quase em carne viva de bolhas. Antes do banho, ainda deitei por 5 minutos no chão do quarto sozinho. Foi uma sensação muito ruim. Terminar um evento desses sozinho, sem ninguém para te fazer companhia, conversar ou te ajudar é horrível. Nunca mais pretendo fazer isso sozinho.

Resolvi entrar logo no banho, pois fiquei com medo de "apagar" e perder o voo para Houston. Arrumei minhas coisas, me vesti e percebi um grande erro logístico que havia cometido: não havia levado um segundo par de tênis na bagagem. Apenas o da corrida. Ele estava em estado de calamidade, encharcado de água e sujo. Precisei vesti-lo todo molhado mesmo e fui embora rumo à Miami.

Encarei uma hora de estrada de retorno a Miami, meio sonado e, ao chegar, fui direto à casa da Sandra. Ela me levou a uma loja para comprar um novo par de tênis para poder viajar para Houston. Agradeci toda a ajuda e fui para o aeroporto. Ainda tinha uma longa viagem pela frente.

Outra *via crucis*: devolver o carro na locadora, pegar as malas pesadas, entrar no ônibus, ir para o aeroporto, descer as malas, aguardar 30 minutos na fila, de pé, puxando as malas, e com o corpo em frangalhos, fazer o *check-in*.

Após o *check-in*, encontrei uma segurança do aeroporto passando com uma cadeira de rodas vazia, de volta dos corredores de embarque. Parei-a e pedi ajuda. Eu não tinha condição de dar nem mais um passo sequer. Expliquei-lhe que estava muito debilitado, inventei uma outra história triste qualquer para que ela se sensibilizasse comigo e me carregasse até o portão do embarque.

Ela me olhou desconfiada e foi resmungando de lá até o portão, quase me arremessando no chão quando chegamos lá. Mas me levou. Entrei no avião e me acomodei numa poltrona próximo à janela. Seriam em torno de 3 horas de voo e eu só conseguia imaginar-me dormindo o tempo todo. Ao meu lado sentaram duas senhoras amigas que conversaram durante todo o voo.

O voo foi bem turbulento e a cada sacudida do avião, soltava um gemido de dor no corpo. A senhora ao meu lado olhava-me com uma cara de indignação e certa preocupação, e quando eu a olhava, ela me dava um sorriso amarelado. Foi assim durante o voo todo.

Ao chegar em Houston, mas uma falha logística de minha parte vem à tona: eu havia esquecido de ligar para o Jaison antes de embarcar em Miami de forma a informá-lo do meu horário de chegada em Houston para que, assim que chegasse em Houston, ele já estivesse me aguardando no aeroporto, que ficava a uns 40 minutos de nosso hotel.

Só lhe telefonei quando desembarquei em Houston, mais de 23h00 da noite e o encontrei quase dormindo. Ele resmungou comigo, dizendo que estava preocupado pois eu não havia dado sinal de vida, achando que algo tivesse acontecido comigo e que não iria aparecer mais. Mesmo assim, ele foi me buscar.

Fazia um frio de 5°C aproximadamente em Houston e tive que esperá-lo por quase uma hora do lado de fora do aeroporto até que ele chegasse, já próximo da meia-noite.

Eu havia acordado às 4h30 da manhã, passado a manhã debaixo de um sol de 33°C e estava lá, quase congelando de frio, próximo à meia-noite.

Fiz o *check-in* no hotel e desabei na cama. Na manhã seguinte, às 7h00 da manhã estava de pé, pronto para a convenção da empresa.

Ainda perguntei ao Jaison se alguém havia perguntado do meu paradeiro e ele me disse ter apenas dito aos que o questionaram que eu passaria o final de semana em Miami por minha conta, mas que na segunda-feira estaria lá normalmente, sem dar muita importância ao fato.

Deu tudo certo, a experiência foi intensa, doída, quente, fria e até mesmo arriscada. Ainda decepcionado com meu resultado na corrida, nos dias que se seguiram, pesquisei na Internet os relatos da prova. Fiquei menos decepcionado ao ler no *site* da Maratona diversos relatos de atletas de elite dizendo que o calor foi insuportável e que fizeram tempos até 20 minutos acima do seu normal.

Inclusive uma atleta olímpica de Trinidad & Tobago, que é um país caribenho e deveria estar acostumada com altas temperaturas, não aguentou e parou no meio da prova.

Isso serviu de consolo para mim em relação ao meu tempo. Ainda recebi um *e-mail* no próprio domingo do Denílson, enviado para todos os corredores da equipe do Ricardo, com cópia para mim, informando meu resultado e com a seguinte frase: "Vejam o resultado do Fauzer em Palm Beach, ele conseguiu!".

Fiquei muito feliz com a repercussão. Só faltava agora voltar ao Brasil e contar a epopeia aos amigos.

Capítulo 7

Um desafio após o outro

Na sexta-feira seguinte, após a convenção da empresa, embarquei de volta ao Brasil.

Cheguei no sábado pela manhã, encontrei a família e logo à tarde fui retirar o *kit* da Corrida Sargento Gonzaguinha que aconteceria no domingo. Até me passou pela cabeça não participar da prova para descansar.

Mas queria rever os amigos da equipe e contar-lhes a epopeia de Palm Beach.

Realmente, ao chegar para a prova, fui muito festejado por todos, levei a medalha para todos verem e vestia uma camiseta regata da Maratona de Palm Beach que eu havia trazido de lá.

Fomos rapidamente para a largada e cruzo com o Urso do Cabelo Duro. Lá estava ele, se aproveitando do meu cansaço da Maratona de uma semana antes, para me atropelar naquela prova.

O incidente que marcou a corrida foi quando passei pelo quilômetro 5, em frente à grade do pavilhão de exposições do Anhembi. Havia uns 2 ou 3 guardadores de carro do pavilhão, do lado de dentro da grade, mexendo com todos os corredores e xingando-os. Quando passou uma mulher, gritaram:

— Vai cozinhar, lugar de mulher é no fogão.

Incrédulo com o que eu estava ouvindo, ao passar próximo a eles, ainda se dirigiram a mim, gritando:

— Corre gordo ridículo!

— Corre pança!

Foi a gota d'água para mim.

Pela primeira vez, perdi a estribeira e, ao melhor estilo do Eduardo na Maratona de São Paulo, comecei a bater boca com eles. Comecei a gritar:

— Sai daí, seus idiotas. Se vocês são tão machos assim, vêm aqui correr também, seu boçais.

Foi daí para baixo. Até que outro corredor encostou em mim e me tirou dali, da mesma forma que havia feito com o Eduardo na Maratona de São Paulo. Ainda fui adiante e retornei pela pista contrária. No retorno, havia um posto de água, e peguei 3 copos com a clara intenção de arremessá-los na direção deles. Porém, ao passar na volta, eles já não estavam mais lá.

A primeira lembrança que me veio à cabeça foi a do domingo anterior, daquele senhor, levantando da cadeira, e me oferecendo água em Palm Beach.

A falta de educação de uma boa parte do povo brasileiro é decepcionante. Esta parcela do povo brasileiro é mal educada e espírito de porco, mesmo. Não incentiva ninguém, não dá valor para o esporte e só sabe destruir.

O brasileiro só se lembra de ser "patriota", se assim podemos dizer, de 4 em 4 anos, quando o Brasil joga futebol em uma copa do mundo. Fora isso, não valoriza seus ídolos, não respeita o próximo e só pensa em si mesmo. Tinha um exemplo muito positivo da Maratona de Palm Beach e dois muito negativos, da Maratona de São Paulo com o Eduardo, e daquela corrida comigo.

No final da prova, no quilômetro 14, o Ricardo veio me buscar e me acompanhar até o final. Eu me sentia como se estivesse no último de um total de 57 quilômetros no período de uma semana, somando-se os 42,195 da Maratona e os 15 daquele dia.

Terminei a prova, mas obviamente levei uma surra do Urso.

O placar já apontava 4 × 7 para ele, que se encontrava em franca ascensão.

Alguns amigos que conheciam a história do meu duelo com o Urso, diziam-me para "zerar" o placar na virada do ano e começar do zero. Que nada! Quem sou eu para fugir da batalha? Continuaríamos duelando honestamente.

Na São Silvestre não foi diferente, ele cravou 4 × 8, chegando mais de 5 minutos à minha frente.

Outro fato lamentável que marcou a São Silvestre foi quando cruzei com a Lucina caminhando no quilômetro 11, no retão da Av. Rio Branco, e dois bêbados tomando pinga num bar de esquina gritaram para ela:

— Vai pra casa, "véia"! Você não tem idade para estar aí. Vai cuidar dos netos, sua "coroca".

Definitivamente, é o fim da picada. Ela me contou que, por muitas vezes, havia ouvido provocações e xingamentos daquele naipe, não importasse sua idade e se era mulher. O povo à beira das pistas implacavelmente não hesitava em ofendê-la, sempre que possível.

Eu lhe disse que ela era uma verdadeira guerreira e um exemplo a ser seguido por todos. Lucina é uma pessoa que todos deveriam conhecer e saber um pouco de sua história. Muitos teriam vergonha de reclamar da vida ao conhecê-la e ver o quão forte uma pessoa pode ser quando se têm coragem, determinação e vontade de viver.

Aqueles vagabundos provavelmente não chegariam à idade dela para contar a história. Se todos tivessem dez por cento da coragem e da garra da Lucina, certamente todos seriam seres humanos melhores e mais decentes. Entrei em 2007 com muitas esperanças, entre elas a de descontar a diferença de vitórias do Urso do Cabelo Duro e voltar a ganhar dele.

Só em janeiro nos encontramos em 3 corridas e foram 3 surras doloridas. No troféu Cidade de São Paulo, em 25 de janeiro, ele chegou mais de 9 minutos à minha frente, fazendo os 10 quilômetros abaixo de 1h00, sendo que eu havia terminado em 01h09min20s.

Meu tempo não baixava deste patamar, enquanto eu me perguntava: o que ele estaria fazendo para melhorar tanto seus tempos? Como será que ele estaria treinando? Qual seria sua alimentação? Além do xampu, ele usava condicionador também?

Será que ele tinha instalado algum dispositivo aerodinânico na cabeleira? Tinha comido mais truta? Tinha hibernado demais?

Eu continuava batalhando nos meus treinos, sem nenhuma eficácia e ele voando baixo. Demoramos três meses para voltar a nos encontrar, para enfim quebrar sua sequência de vitórias.

Eu estava me preparando para a Maratona de São Paulo de 2007 e numa prova de 10 quilômetros, no Ibirapuera novamente, bati meu recorde na distância, cravando 01h05min51s, chegando mais de 4 minutos à frente dele. Consegui, enfim, reduzir o placar para 5 × 11.

No final de março de 2007, fui convidado por um amigo, Thiago, para participar de uma prova no Parque Estadual de Campos do Jordão, organizada pelo seu amigo Émerson Iser Bem, campeão da São Silvestre nos anos 90.

Fomos passar o final de semana em Campos do Jordão e participar da prova. Dei uma de jornalista e me aventurei a fazer uma entrevista com o Émerson para o *site* da equipe. Tudo deu certo e a entrevista ficou muito legal. Foi publicada no *site* da equipe e o sucesso foi grande.

Gostei da ideia e passei a procurar, de vez em quando, oportunidades para entrevistar corredores famosos.

Em abril, pedi à Corpore se podiam me passar o contato do Adriano Bastos para tentar entrevistá-lo. Marquei um jantar com ele numa pizzaria rodízio próximo à minha casa e passamos quase três horas conversando, enquanto eu anotava num caderno cada detalhe da sua carreira e ele comia em torno de 25 pedaços de pizza...

Fomos Adriano, sua esposa Renata e eu. Ele estava começando com sua assessoria particular, a "Adriano Bastos Treinamento Esportivo". A entrevista ficou muito boa e mais uma vez publiquei-a no *site* da equipe.

Alguns dias depois, reencontrei-o e perguntei-lhe se poderia começar a treinar com ele. Estávamos há 1 mês da Maratona de São Paulo, contei-lhe como eu treinava e ele começou a me orientar, dizendo que meus treinos realmente não estavam eficazes para a melhoria do meu desempenho nas corridas.

A maior prova era a surra que eu estava tomando do Urso.

Poucas semanas depois, comecei a treinar com ele. Porém, um mês após o início dos treinos, fiquei desempregado.

Certo dia, chamei-o todo sem graça no início do treino para conversar e contar-lhe que não poderia continuar treinando até voltar a me recolocar no mercado, uma vez que teria que economizar ao máximo.

Ele não demorou a me ordenar:

— Para com isso e vá se aquecer, você não vai abandonar os treinos. Fique tranquilo.

E, dessa forma, continuei treinando com ele, sem pagá-lo, com a promessa de que assim que me recolocasse, voltaria a pagá-lo.

Fiquei muito grato a ele e à Renata por sua atitude. Foi uma atitude de um verdadeiro amigo. Sempre o admirei como corredor e minha estima por ele e pela Renata se tornaram ainda maiores após este episódio.

A prova de 10 quilômetros, em que eu havia batido meu recorde pessoal, foi a última antes da Maratona de São Paulo. Já mostrava uma melhora significativa na minha *performance* e me dava uma esperança de ter um resultado melhor.

Dessa vez, havia feito treinos longos de 3, 4 e até 4 horas e meia, sendo que o último foi de 32 quilômetros.

Eu havia me preparado melhor e mais inteligentemente para a Maratona.

Só faltava ver qual seria o resultado. Minhas metas, por ordem de importância, seriam as seguintes:

1. Terminar a prova;
2. Terminar a prova vivo;
3. Terminar a prova vivo e dentro do limite de 6h00;
4. Se possível, abaixar meu tempo do ano anterior;
5. Se possível, não caminhar na prova.

Mas isso já é outro capítulo...

81ª Corrida de São Silvestre, 2005.

Maratona de São Paulo, 2006.

Ana Rezende e Lucina Ratinho: minhas amigas de corrida.

Relação dos Inscritos para a Maratona de Palm Beaches, 2006.
Com número de "Elite".

Maratona de Palm Beaches, 2006.

82ª Corrida de São Silvestre, 2006. E seus figuraças...

Meia Maratona, 2007.

Maratona de São Paulo, 2007.

42,195

Chegada na Maratona de São Paulo, 2007. "Escoltado" pela equipe.

Novembro de 2007.

83ª Corrida de São Silvestre, 2007. A última antes dos 600 Dias...

85ª Corrida de São Silvestre, 2009.
.... o retorno.

Meia Maratona, 2010.

De volta com Lucina...

Chegada na Maratona de São Paulo, 2010.

Última prova, de 25km. antes de completar 42,195.

Ele não podia ficar de fora...
... o Urso do Cabelo Duro!

Capítulo 8

Uma lição de planejamento e trabalho em equipe

Adoro interagir com pessoas quando estão mais expostas – quando todas as camadas de arrogância e vaidade foram eliminadas e abandonadas ao longo do caminho. A maratona arranca sem dó as camadas externas de nossas defesas e deixa o ser humano cru, vulnerável e nu. É aqui que se vislumbra a alma de um indivíduo. Cada insegurança e falha de caráter ficam abertas e expostas para todo mundo ver. Nenhuma comunicação é mais real, nenhuma expressão é mais honesta. Não sobra nada para esconder. A Maratona é o grande equalizador. Cada movimento, cada palavra pronunciada e não pronunciada é a verdade radiante. O véu foi removido. Esses são os momentos intensos da interação humana para os quais vivo.

50 Maratonas em 50 Dias, de Dean Karnazes

42,195

Na semana anterior à Maratona de São Paulo de 2007, a equipe de Ricardo traçou uma estratégia de apoio aos Maratonistas.

Ao todo, 14 membros da equipe, incluindo eu, desafiariam os 42.195 metros da Maratona.

Ele abriu um tópico no *site* da equipe solicitando voluntários para a prova. Alguns ficariam na tenda no Ibirapuera, outros 14 seriam escalados, conforme suas velocidades, para acompanhar os 14 maratonistas da equipe do quilômetro 32 ao 42, isto é, os corredores de apoio, plenamente descansados, acompanhariam os Maratonistas por apenas 10 quilômetros, no trecho mais delicado da prova, oferecendo água, isotônico, apoio moral e incentivo.

Montou-se um posto de apoio na USP, num trecho em que passa o quilômetro 20 de um lado e 32 do outro na avenida da raia olímpica.

Os corredores de apoio ficariam ali e cada maratonista que passasse ao completar o 32º quilômetro de prova, passaria a ser acompanhado por um outro atleta predeterminado conforme sua velocidade.

Eu seria o mais lento entre os Maratonistas, é claro, e uma menina chamada Rosângela foi destacada para me acompanhar.

Além disso, dessa vez, eu teria o suporte de minha principal equipe, não só de corrida como de vida: a Patrícia.

No sábado à tarde, véspera da prova, estudamos o percurso e definimos 3 pontos de passagem em que ela me encontraria para me levar banana, suco de laranja e Coca-Cola. Fizemos o percurso de carro para conhecê-lo e marcarmos o local correto em que nos encontraríamos.

Definimos estes pontos nos quilômetros 15, 25 e 31, sendo que a partir do 32, a Rosângela também me acompanharia.

No domingo de manhã, novamente indo de táxi para a corrida, meu celular tocou. Era uma grande amiga de corridas, Ana Rezende, desejando-me boa sorte na corrida.

42,195

Conheci a Ana por meio de uma reportagem de uma revista de corrida que li, quando ela relatava sua experiência na Maratona de Roma. A Ana me via como um verdadeiro maluco que corria maratonas do alto de meus 110 quilos.

Cheguei à arena da prova e deixei minha mochila na tenda da equipe, que dessa vez me esperaria chegar, diferentemente do ano anterior e parti para a batalha.

Todos a postos, equipe estruturada, suporte definido, foi dada a largada.

Mais uma vez o calor castigava nossa cabeça, ainda mais porque a largada da Maratona de São Paulo é realizada às 09h00 da manhã, um verdadeiro absurdo, só por causa do televisionamento (muito ruim, por sinal).

Durante os primeiros 10 quilômetros da prova, eu estava muito bem. Encontrei o Ricardo de bicicleta na entrada da USP, no quilômetro 10, com 01h15min05s de prova, num ritmo muito bom para meu desempenho habitual. O Ricardo chegou a comentar comigo que achava que eu estava correndo forte demais, que deveria reduzir o ritmo.

Ao chegar ao primeiro local combinado, no quilômetro 15, procurei a Patrícia e não a encontrei. Continuei procurando por mais 2 quilômetros e nada. Havíamos feito o percurso de carro na véspera mas não contamos que a via de acesso àquele ponto estaria interditado para a passagem dos carros. Dessa forma, ela não conseguiu chegar ao local combinado.

Fiquei preocupado mas fui adiante, pois não havia nada a ser feito.

Quanto entrei na USP e passei pelo quilômetro 20, no ponto de apoio da equipe, vi todo o pessoal do apoio. Foi reconfortante vê-los ali. A Rosângela veio até mim e diz que me esperaria o tempo que fosse necessário para me acompanhar. O Ricardo ainda me acompanhou por 500 metros naquele momento, me dando combustível para seguir adiante.

Um pouco mais adiante, mais uma vez ingresso no deserto da Av. Escola Politécnica. Dessa vez, eu tinha certeza que veria os rolos de feno rolando ao vento que eu não havia visto no ano anterior. Ao chegar na curva de retorno do alto da avenida, lá estava a Patrícia num ponto não combinado. Ela me relatou que não tinha conseguido chegar ao ponto anterior devido ao bloqueio das ruas, mas tinha conseguido chegar ali. Que bom! Era tudo que eu precisava, tomei suco de laranja, comi uma banana e tê-la encontrado quebrou um pouco da solidão daquele trecho da prova.

Voltei à USP e ainda a encontrei mais 2 vezes, conseguindo me abastecer de forma a seguir adiante. Este abastecimento de banana, suco e Coca-Cola, auxiliado pela Patrícia foi fundamental para me manter bem e suportar o resto da corrida, muito mais inteiro do que nas Maratonas anteriores.

Dessa vez, cruzei o quilômetro 30 com 03h56 de prova, quatro minutos abaixo do ano anterior, e para quem já havia corrido também em Palm Beach, aquilo estava ficando brincadeira de criança.

O fantasma do quilômetro 30 não me assustou, não me quebrou como no ano anterior, pois eu sabia que 2 quilômetros adiante eu teria companhia. Cheguei ao 32º quilômetro com 04h14 de prova, quase 2 horas depois daquela passagem pelo quilômetro 20. E lá estava a Rosângela me aguardando e o Augusto de bicicleta. Augusto é um professor de Educação Física que ficou fazendo companhia para a Rosângela até que eu chegasse, como último maratonista da equipe. Ele estava percorrendo o percurso de bicicleta, com uma mochila nas costas com suprimentos para dar aos participantes da corrida.

No final das contas fui acompanhado não só por uma, como por duas pessoas da equipe. Melhor ainda! A Rosângela ao meu lado, conversando comigo e o Augusto nos rodeando de bicicleta fornecendo os suprimentos.

Logo após a saída da USP, já próximo das 14h00, havia um bar que estava cheio de gente aproveitando o domingo de sol, tomando cerveja e comendo porções suculentas de aperitivos. Ao me verem passar ao lado da Rosângela começaram a gritar e bater palmas, nos provocando:

— Pega na mão dela!

— Pega na mão dela!

Demos risada e para quebrar a brincadeira peguei a mão dela e levantei para felicidade geral da nação. O pessoal do bar nos ovacionou como que comemorando um gol numa final de campeonato.

Começaram os trechos dos túneis, reencontramos o grupo da "Laranja do km 36" mais uma vez e também, mais uma vez, as câimbras começaram a aparecer.

Os ônibus "cata-morto" já estavam por perto também e comentei com eles que tinha pavor só de ver aquele ônibus por perto. Passavam por nós com alguns corredores sentados à janela, olhando para fora com cara de quem tinha embarcado num "Expresso para o Inferno!". Como se tivessem que entregar suas almas pela eternidade.

No quilômetro 35, ainda encontrei pela última vez a Patrícia que me deu uma última banana. Com as câimbras surgindo, procurei comer mais banana para combatê-las com seu elevado nível de potássio.

Agradeci a ela e pedi que se dirigisse para o Ibirapuera, para me encontrar na linha de chegada.

Que diferença do ano anterior, quando percorri tudo aquilo sozinho, e dessa vez tinha minha esposa ao meu lado e duas pessoas da equipe me acompanhando.

Ao entrar no segundo, mais longo e mais difícil túnel, as lágrimas começaram a surgir. Para me incentivar, a Rosângela me dizia que eu era um guerreiro, admirado por muitos membros da equipe, por enfrentar uma Maratona com aquele peso todo.

Precisei começar a dosar os passos para que as câimbras não estourassem de uma vez.

No terceiro túnel lembrei do episódio vivido com os "Três Patetas" no ano anterior, que dessa vez, graças a Deus, não estavam por lá. Ao sairmos do último túnel e passarmos pela 40ª placa de quilometragem, o Augusto e a Rosângela trocaram de papel, o Augusto me acompanhando até a chegada e a Rosângela terminando de bicicleta. Naquela altura da prova, os outros 13 maratonistas da equipe já deveriam ter terminado a corrida junto com os seus respectivos 13 atletas de apoio e todos já deviam estar na tenda da equipe, no Ibirapuera.

Ao contornar o quilômetro 41 e entrar na reta final, em função da cor reluzente da camisa da equipe, fomos facilmente identificados pelos outros corredores próximos à linha de chegada.

Lentamente, quase todos os corredores da equipe vieram em nossa direção para me acompanhar nos 500 metros finais. Em poucos minutos, já estava sendo escoltado por 17 corredores, todos com a mesma camisa e comemorando a vitória da equipe e a perfeita execução do planejamento de apoio a todos.

Eu, já aos prantos, é claro, só conseguia ouvir palavras de incentivo e o grupo discutindo o que iriam gritar e como iriam comemorar quando eu cruzasse a linha de chegada. Consegui ainda dar um *sprint* final, completamente emocionado pelo espírito de equipe e companheirismo de todos aqueles guerreiros.

Se fôssemos uma nação, seríamos uma potência. Se fôssemos um exército, seríamos imbatíveis.

Quem estava me aguardando logo após o tapete de chegada era a Patrícia e o Ricardo. Abracei os 2 e chorei muito, mais uma vez.

Havia completado a Maratona em 05h44min20s, abaixando em mais de 10 minutos meu tempo do ano anterior. Ao abraçar a Patrícia, só conseguia dizer uma frase:

— Eu não andei. Consegui correr do início ao fim, sem andar.

Dessa forma, acabei cumprindo todos os meus objetivos:

1. Completei a prova;
2. Completei a prova vivo;
3. Completei a prova abaixo das 6h00 do limite;
4. Bati meu recorde pessoal;
5. Não andei nem caminhei. Corri do começo ao fim.

No mesmo dia, à noite, recebi de um colega da equipe por *e-mail* uma foto que ele bateu da minha chegada.

Pode-se contar na foto os 17 corredores alinhados ao redor de mim, todos uniformizados com a mesma camisa da equipe, me escoltando até a chegada.

Ao abrir a foto, fiquei paralisado e chorei novamente.

Na verdade, durante uma semana, chorava cada vez que me lembrava da corrida, do apoio da Patrícia, do apoio do grupo, da minha chegada, mais uma vez embalada pelo "Tema da Vitória", dos rostos de cada um.

Marcamos uma *pizzada* no meio de semana à noite na mesma pizzaria em que eu havia encontrado o Adriano Bastos, quando nos conhecemos. O Adriano havia chegado na Maratona em 5º lugar e o convidamos também para comemorar conosco. Afinal, eu treinava já com ele, sua entrevista concedida a mim foi publicada no *site* da equipe e eu o havia apresentado para todo o grupo.

Ele e a Renata, gentilmente, nos acompanharam na comemoração, em mais uma prova de simpatia e simplicidade, nos honrando em vir comemorar sua conquista com nosso grupo.

Antes daquela noite eu havia combinado com o Ricardo de entregar um "Diploma de Maratonista" para cada um dos 14 corredores da equipe que havia completado o desafio, entre eles eu, é claro.

Fizemos todos os diplomas, o Ricardo os assinou como "Presidente" da equipe, como o chamávamos, e entregamos a todos no jantar, numa homenagem simbólica àqueles guerreiros. Entregamos também um diploma de agradecimento a todos os corredores que se voluntariaram a apoiar o grupo, não por dinheiro, interesse ou qualquer outro motivo, mas sim pela lição de dedicação, disciplina, paciência, espírito de equipe e amizade. Dentre os corredores de apoio, uma em especial: a Vivian, uma corredora da equipe de alto desempenho, que sempre está entre as primeiras colocadas nas corridas de rua, que além de completar sua Maratona ainda foi e voltou umas 10 vezes no percurso para apoiar e dar suporte aos corredores. A Vivian certamente correu naquele domingo da Maratona entre 50 e 60 quilômetros no total, incansável, numa das maiores demonstrações de companheirismo e espírito de equipe por mim já vista.

Uma última história que vim a saber no final de nossa comemoração foi um caso que, para incentivar um determinado corredor da equipe que estava quase desistindo e abandonando a Maratona nos 10 quilômetros finais, seu corredor de apoio lhe disse:

— Corre, corre que o Fauzer está quase te alcançando...

Eu era o último da equipe, o mais lento e servia de referência para os outros.

Na semana seguinte, no *site* da equipe, havia um fórum de discussão com um tópico só de comentários sobre a Maratona. E o mais marcante foi um comentário neste tópico que dizia que a minha chegada tinha sido a mais emocionante que eles já tinham visto numa corrida de rua e todos os outros concordaram.

Eu podia ser lento, chegar no final e ter minhas limitações, mas era um dos corredores mais respeitados e mais comemorados da equipe naquele momento, por minha força de vontade, coragem, dedicação e participação na equipe.

E a lembrança da "minha" chegada na Maratona ficaria para sempre gravada na mente de muitos corredores da equipe.

Foi um momento único e que dificilmente será repetido de forma tão emocionante e espontânea como foi naquele ano, tal qual o planejamento, a organização e a perfeita execução do apoio da equipe.

Foi uma grande lição de vida para todos nós.

Capítulo 9

A Primeira de Algumas Quedas

Passada a Maratona, passada a comemoração, voltamos à atividade.

Dois domingos depois da Maratona, voltamos às corridas de 10 quilômetros. Era um belo domingo de sol de junho e eu estava ansioso por reencontrar a equipe.

A corrida contava com um grande número de participantes e estava muito bem organizada.

Fui para esta corrida sem nenhuma pretensão de correr forte. Queria apenas participar e relaxar, pois ainda estava em recuperação da maratona.

Durante todo o percurso me senti bem e a partir do quilômetro 6 comecei a reparar num corredor novo com a camisa da equipe uns 300 metros atrás de mim. Todas as vezes que passava por ele, vindo no sentido contrário, ele acenava para mim. O rapaz também apresentava um sobrepeso considerável e tinha começado a correr recentemente. Lembrava-me muito o meu início há quase 2 anos.

Para minha surpresa, eu terminei a corrida fazendo meu segundo melhor tempo em corridas de 10 quilômetros até então. O tempo de 01h07min23s era completamente inesperado para mim, por estar ainda se recuperando do desgaste da Maratona de 14 dias antes.

Lembrando de toda a ajuda recebida na Maratona e ainda sensibilizado com aquilo, resolvi retornar à pista e procurar aquele corredor novato da equipe, para acompanhá-lo pelos 400 metros finais, incentivando-o.

Voltei rapidamente pelo lado de fora do pórtico de chegada, pela calçada da USP, quando o pior aconteceu: pisei em um buraco na calçada, bem ao lado do pórtico de chegada e sofri uma forte torção no tornozelo esquerdo.

Desabei imediatamente no chão com uma repentina e aguda dor no tornozelo. Chamou-me muito a atenção o fato de muitas pessoas estarem passando por ali e ninguém vir me ajudar. Com o corpo ainda aquecido pela corrida recém-terminada e com a adrenalina ainda em circulação, após alguns segundos me contorcendo de dor no chão, levantei-me e fui ao encontro do corredor da equipe. Apesar de mancar bastante, o incentivei a acelerar o passo nos metros finais da corrida, acompanhando-o até a linha de chegada. Retornei à tenda da equipe e fui imediatamente aplicar uma bolsa de gelo no tornozelo. Após uma hora de gelo no tornozelo, fui levado de carona para o meu carro por um amigo da equipe, Marcelo Mauro. Voltei para casa e acompanhei durante todo o dia a evolução do inchaço que tomou conta do meu pé.

No mesmo dia, busquei uma indicação de um bom ortopedista de tornozelo. Marquei uma consulta, fiz os exames solicitados, entre eles uma Ressonância Magnética do tornozelo e veio a constatação: rompimento total de todos os ligamentos do tornozelo. O médico indicou aproximadamente 1 mês de imobilização completa no tornozelo e um longo período de fisioterapia em seguida. Num primeiro momento, não se falou em cirurgia. O médico disse que não precisaria operar. Apenas fez uma discreta crítica ao meu elevado peso, que contribuíra para o estrago em meu pé.

Fui forçadamente afastado dos treinos e das corridas. Fiquei revoltado, não conseguia entender porque duas semanas após toda emoção da Maratona, ao ir ajudar um colega, fui "presenteado" com uma lesão daquelas.

Realizava retornos periódicos ao médico, esperançoso em ouvir uma liberação da imobilização ou um prognóstico de retornar mais cedo aos exercícios físicos, porém, nada. Teria que esperar...

Dois meses depois, sentia-me revoltado com o Médico, com minha situação, com tudo, até mesmo com a equipe, que cheguei a me afastar um pouco. Desempregado, lesionado e com o peso na balança subindo semana a semana.

Rapidamente engordei, e dois meses e meio depois, fui liberado para voltar a caminhar. Como eu não gosto de caminhar, fiquei sem fazer nada por mais 15 dias. Não tinha nenhum ânimo para caminhar. Sentia falta de correr.

Passados os quinze dias, voltei a correr lentamente. Voltei à estaca zero nos treinos. Na primeira corrida que participei, optei por correr sem falar para ninguém da equipe. Naquele domingo, praticamente todos da equipe foram participar de uma Meia Maratona em São Bernardo do Campo e eu havia optado por uma prova de 10km no Ibirapuera. Não encontrei ninguém da equipe na corrida e tive uma *performance* obviamente bem pior do que vinha conseguindo fazer alguns meses antes.

Nos meses que se passaram, melhorei um pouco meu rendimento, mas não conseguia chegar ao que eu era antes.

Os treinos eram difíceis, algumas vezes doloridos e de vez em quando voltava a torcer o pé do nada, sem nenhuma explicação.

Certa vez, ao sair para treinar perto de casa, desci uma ladeira e de repente virei o pé sozinho novamente, com muita força.

Dei uma pirueta e caí no chão, preocupado em não me arrebentar mais. Fiquei no chão inconsolável, esperando a dor melhorar para tentar me levantar e voltar para casa. Alguns minutos depois, passou por mim de carro a Patrícia, esposa do Thiago. O mesmo Thiago da corrida de Campos do Jordão de março. Eles moram há duas quadras de mim, apenas.

Patrícia me viu no chão, na calçada e parou imediatamente preocupada com a cena, vindo me ajudar. Ajudou-me a levantar, me pôs no carro e me levou para casa. Ainda insistiu em me levar ao hospital, mas relutei e preferi retornar para casa. Disse-lhe que minha esposa Patrícia estava em casa e que se fosse necessário ela me levaria ao hospital. Então, me deixou em casa e foi embora.

Ao entrar em casa, contei à Patrícia que algo estava errado com meu pé. Não era possível torcer tanto o pé sozinho. Era a segunda ou terceira vez que torcia o mesmo pé do nada, como se perdesse a estabilidade repentinamente e ele virasse como se eu tivesse pisado em um buraco.

Meu sexto sentido, se é que o tenho, me alertava de que o tornozelo não estava bom e me dava a sensação que eu não voltaria mais a ter o mesmo pé de antes. Apesar de ter feito várias sessões de fisioterapia, sentia que foram importantes para eu voltar a ter os movimentos básicos do pé, mas não tinha mais nenhuma estabilidade.

Entre altos e baixos, ainda participei de mais algumas corridas até o fim do ano, entre elas uma corrida de desafios por São Paulo em dupla com o Ricardo.

Era uma corrida com 10 a 12 pontos de passagem pela cidade e tínhamos que descobrir, por meio de pistas, qual seria o próximo ponto de passagem. Podíamos pegar ônibus e metrô para se deslocar de um ponto a outro. Por celular eu consultava a Patrícia, passando-lhe as pistas para os pontos seguintes, e pela Internet ela pesquisava as pistas e nos passava as dicas por telefone. No final, levamos 03h30 para terminar a prova.

Foi uma experiência diferente e a única realizada por mim até hoje.

Até o final do ano, participei de mais 3 corridas de 10 quilômetros e no início de dezembro de uma Meia Maratona de revezamento com mais 3 pessoas da equipe. A difícil corrida em torno do Museu de Ipiranga era uma prova nova. As ladeiras em torno do museu e o calor do início de dezembro dificultaram ainda mais o percurso. Tive um péssimo desempenho, que além de confirmar minha má fase, antecipava como seria minha São Silvestre, menos de um mês adiante. Levei mais de 39 minutos para percorrer em torno de 5,4 quilômetros.

Logo após o Natal, fiz uma breve viagem a Campo Grande, no Mato Grosso do Sul para visitar a família, só retornando na véspera do *réveillon*. Para completar, durante os últimos dias, em razão da viagem não treinei, o que me trouxe mais insegurança para o dia da São Silvestre.

Dia 31 de dezembro e o mesmo ritual que eu já havia me acostumado, com um pouco menos de ansiedade. Fui almoçar em um restaurante de massas com a família, um pouco mais cedo para poder não me atrasar, voltei para casa, troquei de roupa e rumei para a Av. Paulista.

42,195

Dessa vez, a equipe se encontraria no salão de festas do prédio de um corredor da equipe há três quadras da Paulista, porém, para o lado do centro. Estacionei o carro de um lado da Paulista, atravessei-a e fui encontrar a equipe no prédio combinado.

Quando cheguei, todos já se dirigiam para a linha de largada com uma grande bandeira do Brasil. Iriam correr com a bandeira na mão, festejando o final do ano. Decidi por correr desacompanhado, visto que ainda tinha a intenção de bater o Urso. Tinha um duelo pela frente para enfrentar e tinha que dar o melhor de mim.

Uma hora antes da largada, caiu uma tempestade torrencial, daquelas que dizemos que servem para lavar a alma. Dada a largada, parti para os 15 quilômetros. Os quilômetros foram se passando e meu ritmo estava pior do que os anos anteriores. A chuva encharcara as ruas e em muitos pontos não tínhamos nem por onde desviar das poças, tendo que afundar os pés na água, certas vezes até o tornozelo.

Ao longo do percurso comecei a sentir dor no joelho direito. A dor foi gradativamente aumentando de forma inesperada. Mais uma vez, no retão da Av. Rio Branco, encontro centenas de corredores caminhando. Uma delas era a Lucina, que caminhava vagarosamente, com cara de cansaço. Perguntei-lhe se estava bem e ela me confessou que não estava passando bem, pois havia trabalhado por toda a manhã, desde o amanhecer em sua barraca de flores em frente à igreja de São Judas Tadeu. Não havia se alimentado direito e foi para a corrida, comendo apenas um rápido sanduíche antes da prova. O sanduíche não tinha lhe caído bem e ainda faltava-lhe energia para terminar a prova. Ordenou-me que fosse adiante, que me encontraria na chegada.

Estávamos todos já completamente encharcados pela chuva que não cedia, cansados e ainda com 4 quilômetros pela frente, inclusive com a subida da Brigadeiro.

Fui adiante da forma que conseguia, pois àquela altura da corrida meu joelho já havia começado a inchar. Eu não tinha o que fazer: precisava terminar a corrida.

Durante o percurso nem cruzei com o Urso. Imaginava-o no pódio, comemorando sua vitória contra mim, tamanha dificuldade que sentia naquela altura da prova. Só conseguia pensar em terminar a prova e voltar para casa para descansar o joelho.

A gota d'água para mim foi, ao passar pela placa do quilômetro 14, já no alto da Brigadeiro. Eu caminhava com extrema dificuldade, quando uma moça na calçada, junto a um grupo que provocava todos que passavam, gritou em minha direção:

— Corre, gordo ridículo! Você veio aqui para andar?

Devido ao meu extremo mau humor de dor naquele momento, perdi a cabeça mais uma vez e comecei a xingá-la com os piores palavrões que conseguia lembrar. Meu ódio era tanto que minha vontade era de agredi-la o máximo que pudesse.

Terminei a corrida com muita dificuldade devido à dor, mas com um último objetivo em vista: retornar à placa do quilômetro 14 e arrebentar a cara daquela mulher. Estava decidido a chegar esmurrando a cara daquela infeliz.

Terminei a prova em 02h18min24s, um tempo horrível, com uma média de 09min14s por quilômetro. Média acima até mesmo das Maratonas que eu havia completado, inclusive da de Palm Beach. Retirei minha medalha e voltei rapidamente para o quilômetro 14 para cumprir minha missão de arrebentar aquela infeliz que havia me xingado. Obviamente, não a encontrei. Imaginei que Deus a havia tirado dali, para que eu não terminasse o ano numa confusão inexplicável.

Voltei à concentração da equipe no prédio marcado e de imediato solicitei uma bolsa de gelo para pôr nos joelhos. Já pressentia mais um longo período de recuperação pela frente. Apenas não imaginava o que poderia ter ocorrido com meu joelho.

Já se passavam das 20h00 da noite quando voltei ao estacionamento em que estava meu carro, cruzando a Av. Paulista, para o outro lado. A Av. Paulista já misturava os últimos corredores remanescentes da corrida com a população que chegava para a festa de *réveillon*, promovida pela Prefeitura da Cidade.

Em algumas horas, a Av. Paulista receberia perto de 1 milhão de pessoas para a virada do ano.

Quando saiu o resultado da prova, veio a constatação: o Urso do Cabelo Duro encerrava o ano com o placar de 5 × 12 para ele.

Ele havia terminado a São Silvestre 17 minutos à minha frente. Era um término de ano melancólico para quem tinha comemorado tanto o resultado na Maratona, seis meses antes.

"Zerar" o placar contra o Urso? Nem pensar! Mais um ano se iniciaria e com ele renovava-se minha esperança de diminuir a diferença em nosso duelo.

Àquela altura do campeonato, eu nem poderia imaginar que tipo de batalhas enfrentaria no ano seguinte. Longas batalhas estavam por se iniciar, mas todas longe das pistas.

Feliz Ano-Novo! Mas com gelo no joelho...

Capítulo 10

600 Dias

Primeiros dias do ano de 2008.

Iniciei o ano à procura de um novo ortopedista, dessa vez para o joelho. Mal conseguia andar.

Fui me consultar com o Dr. Sylvio, colega de faculdade de meu irmão.

Nova consulta, novos exames e nova constatação: havia lesionado seriamente a cartilagem do joelho. Tanto ela poderia melhorar com o tempo, como também poderia piorar. Só o passar dos dias mostraria evolução para melhor ou para pior da lesão.

Nas semanas que se passaram, o joelho só piorou. Caminhava nos corredores da empresa com extrema dificuldade. A dor era insuportável. Retornei ao Dr. Sylvio e não teve jeito, precisaria operar o joelho, fazer uma artroscopia. Só saberia o real estado da lesão após a cirurgia e se o menisco havia sido afetado também.

Marcamos a cirurgia para o dia 7 de fevereiro. Receberia alta do hospital no dia seguinte e já estaria liberado para iniciar a fisioterapia.

No dia seguinte à cirurgia, ao chegar em casa, ganhei um presente da Patrícia: 1 ano de matrícula numa academia de natação próxima de casa para fazer a fisioterapia na água. Iniciei a fisioterapia imediatamente e tinha uma previsão de 2 a 3 meses para poder retornar à corridas.

No mês de março consegui um novo emprego em uma outra multinacional e tudo parecia estar melhorando. Até que uma notícia chocante surgiu.

Numa sexta-feira, meu último dia na empresa em que estava antes de iniciar na nova empresa, soube da notícia do falecimento de um colega de trabalho. Ele tinha 51 anos de idade e sofrera um infarto fulminante. Fiquei sentido. Esse é o tipo de notícia que ouvimos de tempos em tempos, mas quando acontece com alguém que trabalhou ao nosso lado, nos deixa chocados. Faz-nos pensar na saúde, na família, na vida. Nos reforça a importância dos exercícios físicos e de como devemos nos cuidar.

Na semana que se seguiu, iniciei no meu novo emprego, ainda em fisioterapia, mas bastante animado com a perspectiva de melhora, tanto do joelho quanto da vida profissional. Durante os meses de março e abril me dediquei muito à fisioterapia.

Numa sexta-feira de abril, cheguei à empresa logo cedo e, ao cruzar a recepção, de repente torci o pé esquerdo novamente. Virei o pé com toda a força no piso de granito, quando estava apenas caminhando. Quase caí no chão, pelo desequilíbrio repentino e pela dor aguda da torção. E para completar, a torção foi tão brusca que levou meu joelho esquerdo junto, fazendo-o torcer também.

Não fazia o menor sentido tamanho desequilíbrio e instabilidade no pé. Durante os últimos 8 meses, era a quinta vez que eu torcia o pé, não importava se estivesse andando ou correndo. E dessa vez, torci o joelho junto.

Lá fui eu novamente para a ressonância magnética. Retornei ao médico para constatar que não dava mais para continuar assim. Se não reconstruísse os ligamentos do pé, certamente continuaria sofrendo torções e poderia me machucar ainda mais. O jeito era operar. Só que, dessa vez, precisaria operar o joelho esquerdo também.

Como dois médicos distintos fariam as cirurgias, o Dr. Sylvio operaria o joelho e o Dr. Osny o tornozelo, precisei montar uma verdadeira operação logística para que tudo desse certo: entraria no centro cirúrgico e o Dr. Osny operaria meu tornozelo esquerdo. Ao terminar, entraria o Dr. Sylvio para fazer a artroscopia, dessa vez no joelho esquerdo e engessaria minha perna. Precisaria conciliar a agenda dos dois e ainda a reserva no hospital para o mesmo dia, além de conseguir a aprovação do plano de saúde para as duas cirurgias simultaneamente.

Marquei para uma quinta-feira, dia 8 de maio. Sairia do hospital na sexta-feira e passaria o fim de semana em casa, repousando.

O Dr. Osny, além de reconstruir os ligamentos do tornozelo, retiraria duas "lascas" de osso soltas na lateral de meu pé. Esses fragmentos de osso provavelmente se soltaram em umas das torções que eu havia sofrido. Ainda brinquei com ele, pedindo que guardasse para mim os pedaços de osso, para que eu os guardasse "de lembrança".

Tudo correu bem nas cirurgias, porém, o "estrago" no pé foi maior que o esperado. Como consequência, eu deveria ficar 2 meses com a perna engessada e sem poder encostar o pé no chão. Ao término da cirurgia, o Dr. Osny, ao passar visita em meu quarto, me entregou um potinho de plástico com os dois fragmentos ósseos extraídos de meu pé. Deixei o potinho "decorando" a prateleira de meu banheiro por vários meses.

Já se passavam 5 meses de minha última corrida e na semana seguinte à cirurgia, ao retornar ao consultório do Dr. Osny, fiquei marcado pela "bronca" que levei ao ingressar em seu consultório. Os 5 meses de fisioterapia apenas haviam contribuído para que eu chegasse aos 112 ou 113 quilos.

Ao entrar em sua sala, sem nem ter me dado boa-tarde, o Dr. Osny bradou:
— Você nem pense mais em correr sem antes perder pelo menos uns 30 quilos!

Ele havia ficado impressionado com o tamanho do estrago em meu pé. Todos os ligamentos estavam rompidos e dois fragmentos ósseos soltos no pé.

Eu recomeçaria a fisioterapia apenas após os 2 meses de gesso. Durante aquele período, fui trabalhar diariamente sem poder apoiar os pés no chão, usando um andador de apoio. Por sorte, como a perna engessada era a esquerda e o carro automático, conseguia dirigir sem problemas. Chegava na empresa, estacionava o carro em uma vaga de deficientes, para ter mais espaço para sair do carro, montava o andador, descia do carro, colocava a mochila de trabalho nas costas, trancava o carro e saía manquitolando rumo ao elevador.

Entrava na empresa batendo o andador no chão a cada passo, como um pirata com sua perna de pau. Todos ouviam de longe quando eu chegava na empresa, devido ao barulho do andador no piso de granito. Passadas algumas semanas pensei até em comprar um papagaio para pôr no ombro, pois só faltava isso para parecer um pirata.

Durante aqueles meses meu peso foi disfarçadamente aumentando. Mas mesmo com toda aquela situação, declarava a todos que ainda correria a São Silvestre daquele ano.

Era Gerente de Canais e Parceiros na empresa em que trabalhava. Minha função era administrar todo o relacionamento de minha empresa com minha cartela de parceiros. O principal parceiro de minha empresa, que era gerenciado por mim, exigia atenção especial, devido ao grande volume de negócios entre as duas empresas. Seu diretor comercial, Marcello, tinha contato praticamente diário comigo. Com o tempo contei a ele que eu corria e que ainda correria a São Silvestre daquele ano.

Ele, incrédulo por ouvir aquilo de um sujeito já acima dos 115 quilos, há dois meses com a perna engessada, sem conseguir se locomover sem a ajuda de um andador, não hesitava em debochar de mim.

Sempre que nos encontrávamos, ele me perguntava como estava a preparação para a São Silvestre. Eu ria e respondia a ele:

— Me aguarde, vou correr a São Silvestre.

Quando o encontrava e ele estava acompanhado por alguém que não me conhecia, ele sempre me apresentava com a seguinte frase:

— Este é o Fauzer, nosso gerente de canais. Ele vai correr a São Silvestre no final do ano.

Seu acompanhante, invariavelmente olhava espantado para mim, como quem diz:

— Que história é essa? Esse rapaz gordo, manco, de andador, vai correr a São Silvestre? Não entendi!

E assim os meses se passaram. Ele deve ter me apresentado para pelo menos umas 15 pessoas dessa forma. E eu sempre respondia:

— Vou correr a São Silvestre sim, me aguarde!

Passados os dois meses de gesso, voltei a andar e voltei à fisioterapia na esperança de voltar aos treinos o quanto antes.

Já estávamos em agosto de 2008 e eu sentia que corria contra o tempo.

Porém, a declaração do Dr. Osny de que eu não mais poderia correr com aquele peso me atormentava. Não via como conseguiria emagrecer, ainda mais sem exercícios físicos.

Num retorno ao Dr. Sylvio, ele me sugeriu uma cirurgia bariátrica. Eu já tinha ouvido algumas sugestões sobre a cirurgia, mas nunca considerei a hipótese. Na minha cabeça, cirurgia do estômago era para fracassados. Era para quem não consegue emagrecer sozinho e não tem força de vontade. Não me imaginava fazendo isso.

Porém, resolvi consultar a Patrícia. Numa certa noite, perguntei sua opinião sobre a cirurgia. Para minha surpresa, sua resposta, com a maior tranquilidade e naturalidade foi a seguinte:

— Por que não? Tenho te acompanhado tentando emagrecer de todas as formas possíveis e você não consegue! Acho que você deveria pensar no assunto, sim.

— Mas você não acha que essa cirurgia é coisa para "derrotados"? – perguntei.

— Não, por que seria? Você já tentou de tudo para emagrecer, inclusive se arrebentando todo! Não acho não.

A partir daí, consultei meu irmão, Mauricio, a respeito do assunto e ele também achou coerente buscar uma opinião profissional. Ele me indicou três cirurgiões bariátricos e parti para uma verdadeira "via-sacra" de consultas médicas, contando toda minha história, ouvindo todas as opiniões possíveis e aprendendo sobre todas as técnicas cirúrgicas.

Finalmente, conheci o Dr. Sidney, cirurgião que realizava há alguns anos essa cirurgia.

Sempre perguntava nas consultas qual seria o motivo para não conseguir emagrecer sozinho, mesmo fazendo dietas e treinando muito.

A teoria que o Dr. Sidney me explicou dizia que um ser humano magro, independentemente da sua altura ou compleição física tem em torno de 3 metros de intestino.

Um ser humano gordo, também independentemente do seu perfil físico, chega a ter de 5 a 8 metros de intestino.

Como a porção final do intestino é que envia a informação de saciedade ao cérebro humano, fazendo com que nos sintamos satisfeitos e paremos de comer em uma refeição, o ser humano gordo chega a comer muito mais até que o alimento percorra todo o intestino e a sensação de saciedade seja sentida. "Comprei" a ideia dessa teoria e recebi todos os pedidos de exames para poder agendar a cirurgia.

Além do mais, a cirurgia bariátrica é diretamente indicada para quem tem a taxa de IMC (Índice de Massa Corpórea) acima de 40 ou cuja taxa de IMC esteja entre 35 e 40, mas que a pessoa já tenha comorbidades.

Além do meu IMC já estar em 41, pois eu já havia ultrapassado os 116 quilos, eu tinha as seguintes comorbidades:

— Lesão ortopédica nos dois joelhos, intensificada pelo excesso de peso;

— Colesterol na casa de 450;

— Triglicérides 810;

— Esteatose Hepática (vulgo, gordura no fígado);

— Glicose 99, o que já me qualificava como pré-diabético.

Aprendi que o primeiro passo para uma pessoa poder realizar a cirurgia bariátrica é passar por uma completa bateria de exames de todos os tipos.

Somos virados "do avesso". Acho que é para provarmos que estamos realmente dispostos a enfrentar a cirurgia e suas consequências, que são para o resto da vida.

Para tomarmos essa decisão, precisamos estar muito certos de que não há retorno. Uma vez feita a cirurgia, não há como querer voltar atrás. Não há mais como implantar a metade do seu estômago de volta. Sua capacidade de alimentação ficará limitada para o resto de sua vida.

Nesse meio tempo, veio mais uma bomba.

Descobrimos que meu pai estava com metástase de um câncer que havia operado no ano de 2008. A metástase havia voltado no fígado e nos pulmões e a previsão era a pior possível.

Ele começou em outubro um tratamento de quimioterapia para combater o câncer. Justo ele, que era oncologista...

Nunca me esquecerei a simples frase que ele pronunciou logo após ouvir os relatos dos médicos de seu estado:

— Façam o que for preciso! – disse ele.

Constatei que, por mais conhecedor que ele fosse do assunto e por mais que soubesse que seu estágio era avançado e que não tinha muito o que ser feito, ele não abriria mão de lutar.

Faria qualquer tratamento, por mais desagradável que fosse, como a quimioterapia, mas lutaria até o fim. Foi uma das maiores lições que aprendi com meu pai.

Com o passar das semanas, voltei a sentir muita dor no joelho e voltei ao Ortopedista. Dessa vez, consultei-me com o Dr. Wagner, outro ortopedista especialista em joelho, que opera muitos esportistas profissionais, inclusive. Devido ao peso elevado e aos dois meses que passei engessado, me apoiando exclusivamente sobre a perna direita, voltei a lesionar o joelho direito, operado em fevereiro e precisaria de mais uma artroscopia. A segunda no mesmo joelho em um período de 9 meses.

Estávamos no final do ano de 2008 e a crise mundial se instaurou no mercado imobiliário americano. O resultado das empresas foi muito afetado naquela época e meu chefe, Zenos, me pediu para não me afastar por muito tempo da empresa, por causa do final do ano.

Como ele era uma pessoa muito bacana e humana, combinei com ele, então, de realizar a cirurgia no estômago na primeira semana de janeiro de 2009, pois dessa forma, a turbulência de fim de ano na empresa já teria passado. O joelho é que não teria como esperar. Então montei outra operação logística que não poderia falhar.

Iria me internar numa sexta-feira à noite, operaria no sábado de manhã, repousaria no domingo em casa e segunda-feira cedo estaria de volta ao escritório.

Marquei a cirurgia para o sábado, 8 de novembro. E tudo correu conforme o planejado. Operei no sábado, domingo estava em casa e segunda-feira estava no escritório. Para surpresa geral de todos, lá estava eu de muletas novamente.

Meu pai nem soube que eu iria operar o joelho. Ele estava internado em outro hospital, batalhando contra o câncer, que a cada dia trazia um prognóstico pior de seu estado.

Pedi que ninguém contasse a ele da cirurgia. Ficaria alguns dias sem aparecer no hospital, mas logo voltaria a visitá-lo.

Como sempre, quando Marcello me via com as muletas novamente, não perdeu a oportunidade de me escrachar:

— Está preparado para a São Silvestre?

— Me aguarde! – respondia.

Naquela altura do campeonato, já sabia que meu sonho de participar da São Silvestre 2008 não se realizaria e que minhas chances tinham acabado.

Faltavam 50 dias para a prova, eu com 117 quilos e nenhuma chance de voltar.

Na própria segunda-feira reiniciei (mais uma vez) a fisioterapia, com o Dr. Hélio, excelente, competente e preciso fisioterapeuta da equipe do Dr. Wagner.

Já na segunda sessão da fisioterapia, na quarta-feira, ao término dos exercícios, reclamei de uma fisgada na panturrilha direita. Tinha uma pequena dor, como se fosse uma câimbra. Rapidamente, o Dr. Hélio ligou para o Dr. Wagner relatando meu quadro e sai de lá com um pedido de ultrassom na panturrilha.

No caminho para casa, liguei agendando o exame para o meio-dia da quinta-feira.

Porém, ao chegar em casa e contar à Patrícia o que havia ocorrido, ela achou mais prudente ligar para sua irmã, Silvia (cirurgiã vascular) e perguntar se eu deveria fazer logo o exame.

A Silvia não hesitou em me mandar para o prontoatendimento para realizar o ultrassom imediatamente. Eu não deveria esperar até o próximo dia.

Dessa forma, como a Patrícia teria que ficar em casa com nossos filhos, liguei para meu irmão, Fábio, que me encontrou no prontoatendimento, para me acompanhar no exame.

Percebi que fui passado à frente de outras pessoas que ali já estavam e o exame comprovou a suspeita do Dr. Hélio: trombose.

Eu havia sido "presenteado" por uma trombose na panturrilha em veias secundárias. Apesar de não ser uma "grande" trombose, corria o risco dela se "descolar" da veia e chegar ao coração.

Esse era o resultado da soma de cirurgia + excesso de peso.

Fui informado que teria que ser internado e que não poderia voltar para casa. Bateu-me o desespero. Eu havia prometido ao Zenos que não faltaria ao trabalho naquele final de ano conturbado. E, de repente, me vi numa situação sem saída. Já passava da meia-noite e resolvi ligar para o Dr. Antônio, na esperança que ele me "salvasse" daquela internação e me deixasse ir para casa.

Para minha surpresa, ele apenas me disse:

— Fique aí internado. Não saia.

— Mas eu não posso faltar ao trabalho. O momento está delicado! – eu replicava.

— Nem pense em sair daí. Sua saúde em primeiro lugar.

Passei a noite internado e pensando o que falaria para o Zenos no dia seguinte. Afinal, eu havia quebrado minha promessa de não faltar ao trabalho.

Para minha feliz surpresa, ao relatar-lhe e situação na quinta-feira de manhã, pelo telefone, ele me disse compreensivamente que há coisas que fogem ao nosso controle e que não era minha culpa. Que eu deveria ficar internado e me cuidar. Ele, mais uma vez, me demonstrava ser um ser humano digno de respeito e admiração.

Dessa forma, iniciei meu tratamento com anticoagulantes e fiquei internado até o domingo, 16 de novembro no hospital.

Naquele final de semana, para que a Patrícia pudesse ficar no hospital comigo, meus filhos foram passar o fim de semana na casa de nossos melhores amigos, Paulo e Maria Antônia, se distraindo e brincando com seus filhos. Nessas horas é tranquilizante saber que temos amigos deste porte ao nosso lado.

Saí ao meio-dia do domingo e fui direto, do hospital que eu estava, para o que meu pai estava, para visitá-lo, pois não o via há uma semana.

Cheguei em seu quarto de cadeiras de rodas, com o joelho operado e trombose na perna. Só contei-lhe que havia feito a artroscopia, não falando da trombose para não preocupá-lo.

Voltei ao trabalho na segunda-feira e voltei à fisioterapia. Agradeci muito ao Dr. Hélio pela sua maestria em ter me encaminhado para o hospital e ter descoberto minha trombose.

O que mais passou a me preocupar era se a trombose não afetaria minha cirurgia no estômago. Liguei preocupado para o Dr. Sidney que disse que faria um tratamento especial em mim de forma a suspender os anticoagulantes alguns dias antes da cirurgia e que, alguns dias depois, voltaria a tomá-los.

Felizmente, minha cirurgia foi mantida.

Na quinta-feira, dia 27 de novembro, meu pai havia retornado para casa e fui visitá-lo com meu irmão Fábio. Ainda demos boas risadas com ele na quinta à noite, apesar de seu estado cada vez mais abatido.

Ainda assim, conversamos bastante sobre alguns assuntos, entre eles futebol, uma das maiores paixões de meu pai. Eu e meus irmãos aprendemos com meu pai a ter o sangue alvinegro correndo nas veias. Aos domingos à tarde, meu pai costumava dizer que tinha "missa". A "missa" que se referia era, na verdade, o jogo do Corinthians que ele queria assistir na TV. Até aproximadamente um ano antes de sua condição física piorar, meu pai gostava de ir ao estádio conosco nos jogos mais tranquilos, assistir às partidas do Todo-Poderoso Timão.

Voltei para casa às 22h00 e comentei com a Patrícia que passaria a visitá-lo diariamente, pois não havia gostado de seu estado. Ele já se encontrava muito fraco e abatido e os médicos já diziam que ele poderia vir a falecer a qualquer momento.

Na sexta-feira de manhã, em torno das 09h30, estava para começar uma reunião com a equipe de trabalho na empresa, quando toca meu celular. Era meu irmão Fábio, que apenas me disse:

— Onde você está?

— Estou para iniciar uma reunião da empresa.

— Aconteceu! – disse-me ele.

Eu ainda precisei perguntar-lhe o que exatamente havia acontecido.

— O papai morreu.

Meu pai havia falecido naquela manhã.

Fui para a casa dele cuidar dos detalhes do enterro. Foi uma sexta-feira muito intensa. Cuidei pessoalmente de preparativos para seu velório e enterro. Eu já havia feito isso em outras oportunidades, porém, escolher o caixão para o próprio pai não é uma tarefa das mais fáceis. Além disso, precisei retornar à sua casa e auxiliar meu irmão Mauricio a vesti-lo. Durante seu enterro, apesar do joelho operado há menos de 20 dias, fiz questão de, em companhia de meus 3 irmãos, de carregar seu caixão na cerimônia. Naquele momento nem me preocupei se meu joelho aguentaria ou não.

Sua missa de sétimo dia, na quinta-feira seguinte, foi muito emocionante. A igreja repleta de amigos, familiares e pessoas que o queriam muito bem.

A fase estava tão "boa" que certa noite, ao me locomover de muletas no meu quarto, coloquei às muletas à frente, entre a cama e o armário e me movimentei para frente. Como a passagem era estreita, precisei fechar o ângulo das muletas e ao jogar a perna para a frente, dei uma paulada com toda a força com o pé nas muletas. Conclusão: quebrei um dedo do pé, tamanha força do impacto do dedo com a base da muleta. Era tudo que me faltava. Joelho operado, trombose na perna e agora dedo do pé quebrado.

Dessa forma, o ano de 2008 se encerrava com 4 cirurgias feitas, 2 joelhos recauchutados (um deles 2 vezes), um tornozelo reconstruído, um dedo do pé quebrado, muitos dias de gesso no "*curriculum*", com uma trombose na perna, uma cirurgia bariátrica agendada para o dia 7 de janeiro, sem ter participado da São Silvestre e sem meu pai.

Ano-novo, esperanças renovadas. Afinal de contas, não podemos deixar de lutar.

No dia 6 de janeiro, com muita ansiedade pela cirurgia, fiz minha "pesagem oficial", para saber com quantos quilos havia operado: 116,4kg.

Também bati algumas fotos minhas para "lembrar" de como estava e para poder fazer uma comparação futura do antes e depois.

Internei-me à noite e operei na manhã seguinte.

Foi um verdadeiro reinício na minha vida. A cirurgia levou quase 6 horas.

Só me lembro de acordar assustado, com muita, mas MUITA dor. Olhei para o lado e a Patrícia estava lá, segurando minha mão. Ela apenas me disse:

— Calma, está doendo. O médico disse que vai doer bastante. Há uma bombinha de morfina na sua mão direita. Quando sentir muita dor aperte-a e você receberá a morfina.

Dois dias depois, o Dr. Sidney me contou que eu havia apertado a bombinha em torno de 157 vezes. A máquina regulava o limite de morfina que eu recebia ao apertá-la. Se dependesse de mim, eu teria tido uma overdose de morfina.

A recuperação da cirurgia é extremamente dolorida e sofrida. Foram 4 dias sem poder tomar nem uma gota de água, sendo que era verão e fazia um calor na casa dos 30°C.

Depois, mais 10 dias de líquidos apenas. Eu podia tomar 30ml de líquidos a cada 20 minutos.

Depois, mais 4 dias apenas de alimentos pastosos e purês, para só depois então passar a ingerir alimentos sólidos, lentamente.

Quando saí do hospital no sábado eu já tinha perdido 8 quilos; com 15 dias cheguei aos 10 quilos e com um mês de operado havia perdido 13,5 quilos.

A primeira pergunta que fiz ao Dr. Sidney logo que acordei foi: qual era o tamanho do meu intestino, afinal?

— Você tinha 7,8 metros de intestino. Retirei 4 metros e você ficou com 3,8 metros. Não consegui retirar mais de 4 metros devido à sua fisiologia.

Estava explicado o porquê eu não conseguia emagrecer. Devido ao enorme tamanho do meu intestino, quando eu me alimentava, a comida demorava muito para percorrer todo o intestino e chegar à sua porção final, que informa o cérebro da minha saciedade.

Dessa forma, até eu começar a me sentir satisfeito, a quantidade de comida ingerida era muito maior do que eu necessitava, fazendo-me engordar.

A técnica cirúrgica que realizei é chamada de Santoro III.

Foi feito um corte longitudinal em meu estômago, deixando apenas um funil com a parte inferior mais larga. Retiraram-se 4 metros de intestino e fez-se uma segunda saída do estômago, chamada *"by-pass"*, criando-se um atalho da saída do estômago à parte final do intestino.

Porém, uma semana após a cirurgia, senti novamente aquela fisgada na panturrilha. A trombose tinha voltado. Voltei ao tratamento com anticoagulantes que se estendeu até o mês de julho.

Em março, ainda reflexo da crise financeira mundial, a empresa fez um grande corte e acabei saindo com mais algumas dezenas de pessoas, entre elas o Zenos.

Para minha sorte, duas semanas depois, estava empregado novamente.

Com o passar dos meses, fui emagrecendo a passos largos, em fevereiro voltei à atividade física e com a repentina perda de peso, meus joelhos passaram a não sentir mais tanto o impacto do peso do corpo.

Porém, em julho daquele ano, meu sogro que também lutava há anos contra um câncer, também faleceu.

A Patrícia e suas irmãs Silvia e Vanessa ficaram ao lado do pai durante os seus últimos 15 dias no hospital, sem sair de seu lado.

Como eram férias de julho, mais uma vez entrava em cena a grande ajuda do Paulo e da Maria Antônia, que por vários dias nos auxiliaram, tomando conta da Paola e do Alexandre enquanto a Patrícia estava no hospital com seu pai e eu trabalhando. Até que em 16 de julho, ela me liga pela manhã com a mesma frase que meu irmão havia falado 7 meses antes:

— Aconteceu!

Dessa vez era o pai dela quem havia falecido.

Mais um grande exemplo de luta. Mais um grande homem que se fora de nossas vidas.

Foram pelo menos 9 anos de luta contra o câncer. Havia chegado a hora dele descansar, e mais uma vez sentia como se um outro membro fosse amputado de nossas vidas. Em um breve espaço de 8 meses, meus dois maiores exemplos de luta, de vida e de pai haviam morrido.

Mas como sempre, a vida tinha que continuar...

Fui melhorando gradativamente até que me animei em voltar a me inscrever numa corrida.

Em 23 de agosto aconteceria novamente a prova "Duque de Caxias".

Aquela foi minha primeira corrida. Tinha sido meu início na carreira de corredor e decidi que também seria meu reinício. Retornaria na mesma prova em que comecei a correr.

Fiz a conta: desde 31 de dezembro de 2007, em que eu havia me lesionado na São Silvestre 2007 até aquele 23 de agosto de 2009, havia passado exatamente 600 dias. Não foram nem 599 nem 601.

Foram 600 dias de luta, sofrimento e muita força de vontade para retornar.

Lá estava eu novamente na linha de largada para recomeçar. Sentia-me feliz, satisfeito por ter vencido mais uma batalha contra as adversidades: foram 600 dias, 20 meses, 5 cirurgias, 2 tromboses, 2 perdas irrecuperáveis (do meu pai e do meu sogro), 4 metros de intestino dispensados, 2 meses de gesso, meio estômago a menos, 38 quilos a menos, muitas seções de fisioterapia e natação, mas muita força de vontade, determinação, luta, dor e suor.

Eu voltei.

E o Urso?

Por onde teria andado o Urso nos últimos 600 dias? Correndo? Treinando? Hibernando? Indo atrás de um pote de mel? Ou se preparando para me dar um bote na próxima curva? Só Deus saberia, mas eu ainda descobriria...

Capítulo 11

Acelerando ladeira acima

Iniciava-se minha 4ª temporada de corridas.

Estabeleci que a cada prova "Duque de Caxias" eu iniciaria uma nova "temporada". Achei que ficaria "glamuroso", padrão europeu. Como nos campeonatos europeus de futebol, temporada 2009/2010.

Como eu havia começado em agosto de 2005, defini que minha temporada se encerraria a cada mês de agosto e a corrida "Duque de Caxias" sempre abriria uma nova temporada.

Esta temporada então era especial, pois representava meu retorno após ter passado por tantos percalços. Ninguém me reconheceria com 38 quilos a menos. Eu também nunca mais teria que ouvir aqueles imbecis nas ruas gritando:

"— Corre gordo ridículo!"

Obviamente, meu retorno foi marcado por um péssimo tempo na prova, pois naqueles 38 quilos abandonados, eu não só havia perdido muita gordura, como praticamente toda minha musculatura.

É verdade, estava 38 quilos mais leve, mas também não tinha mais aquela massa muscular que no passado me permitia carregar meus 110 quilos por quase 6 horas de corrida. Minha fisiologia mudou completamente, minha alimentação também.

Nas vésperas das grandes provas são famosos os "jantares de massa" para armazenarmos carboidratos para as provas. Mas eu só consigo comer agora o equivalente a um terço ou no máximo metade de um prato infantil. Como eu faria para armazenar a energia necessária para as provas longas?

Justo eu que gosto de longas distâncias, provas longas, demoradas e sofridas (é claro!).

Tudo era um novo aprendizado para mim. Precisaria readaptar todos estes detalhes à minha nova realidade física.

Minha terceira prova, após o retorno, já foi uma meia maratona. Comecei a treinar bem e a recuperar rapidamente minha forma física. Meus tempos eram modestos, mas minha recuperação me animava muito, e meus joelhos não mais sentiam dores.

Voltei aos treinos na equipe com o Adriano Bastos.

Minha rápida evolução me animava bastante e meu grande objetivo, que para mim representava o desfecho de minha recuperação, estava chegando. Eu não havia esquecido de minha meta em nenhum momento dos últimos 2 anos.

Havia ouvido muitas gozações de que não voltaria, que não conseguiria. Fui totalmente desacreditado, mas eu não me esquecia da minha meta. No período de agosto a dezembro de 2009 corri, além da "Duque de Caxias", mais 6 provas. Até que dezembro chegou e lá estava eu pronto para realizar minha façanha: correr novamente uma São Silvestre.

Aquela mesma São Silvestre que eu falava para meus médicos, amigos, familiares e colegas de trabalho.

Aquela mesma São Silvestre que o Marcello não cansou de duvidar de mim e sempre comentava com os outros que eu correria, apesar de minhas lesões, gessos e muletas.

O 31 de dezembro de 2009 havia chegado e lá estava eu, pronto para a batalha. Pronto e feliz.

Como sempre fazia, me dirigi à Av. Paulista, com umas 2 horas de antecedência para não ficar nervoso e relaxar. Antes da largada, ainda encontrei minha amiga Ana e ficamos conversando.

Como passou a acontecer inúmeras vezes comigo desde minha cirurgia no estômago, ela praticamente não me reconheceu, tamanha a diferença de minha aparência com 38 quilos a menos.

Dada a largada, percorri feliz da vida os 15 quilômetros da prova, sempre de olho nos participantes, procurando o Urso. Há dois anos eu não via o Urso e fui com o objetivo de vencê-lo.

Achei estranho, pois desde a concentração, pela área da largada e durante todo o percurso, eu não o encontrara.

Será que ele não estava lá? Será que ele largou muito à minha frente? Será que ele tinha melhorado mais ainda e havia ganhado mais uma de mim?

A dúvida se manteve até eu conferir o resultado da prova na Internet nos dias que se passaram.

Ele havia largado 9 minutos na minha frente, e chegara 1 minuto na minha frente. Como ele largara muito à minha frente eu não o encontrei durante todo o percurso, porém, eu havia ganhado dele. Corri 8 minutos mais rápido que ele.

Dessa vez, eu havia "voado baixo". Subi a Av. Brig. Luís Antônio, com uma "5ª marcha" engatada e a sua procura. Não o achei, mas o resultado foi gratificante. Ainda por cima, bati meu recorde na São Silvestre.

Agora sim, o duelo seria equilibrado. Eu estava pronto para reduzir a vantagem dele. Comecei o ano de 2010 animado e decidido a alçar um voo mais alto ainda.

Retornaria à Maratona. Inscrevi-me para a Maratona de São Paulo, informei o Adriano e me apliquei nos treinos.

Com o ótimo resultado na São Silvestre, iniciei o ano de 2010 muito animado e dedicado.

No início do ano, recebi um *e-mail* de uma revista de corrida procurando histórias diferentes de corredores para publicar numa nova seção da revista em que contariam, em duas páginas, seis histórias de corredores. Respondi o *e-mail* com um breve relato de tudo que havia passado nos últimos anos, para ver se eles tinham interesse em publicar.

Eles ficaram tão impressionados com meu relato, que decidiram publicar minha história em duas páginas da revista, numa seção isolada, com muito mais destaque. Até lançaram aquela nova seção com as seis histórias de outros corredores, mas a minha acabou saindo em duas páginas distintas.

O nome da minha matéria foi "Volta por cima! – Depois de se lesionar e passar por 5 cirurgias, empresário de 41 anos retornou à São Silvestre para selar sua recuperação".

A matéria foi publicada na edição de fevereiro de 2010 da revista e ainda trazia 2 fotos minhas, uma da São Silvestre de 2007, quando me lesionei, me afastei e ainda pesava 110 quilos, caminhando de cabeça baixa pelo percurso da prova e a outra na São Silvestre de 2009, correndo, de cabeça erguida e sorridente.

Até eu, que sempre me achei horroroso em fotografia, estava me achando bonito naquela.

Devo ter comprado uns 15 ou 20 exemplares da revista.

Acho que passei um mês indo trabalhar com a revista na mala, mostrando para todos que eu conhecia. Eu a distribuí para vários parentes e amigos.

Até que um dia, numa quinta-feira daquele mesmo mês de fevereiro, eu estava na hora do almoço caminhando por uma praça de alimentação de um conjunto comercial quando vejo o Marcello sentado com um gerente conhecido daquela mesma empresa parceira minha e um outro desconhecido numa mesa de restaurante. Ele, provavelmente, com uns 5 quilos a mais do que 1 ano e meio antes.

No mesmo momento, saí correndo para uma banca de jornal e comprei a revista com minha reportagem. Voltei rapidamente ao restaurante, mas eles já haviam saído.

Fiquei frustrado. Perdi-os de vista. Imaginei que eles não deveriam estar muito longe dali, pois minha ida à banca não tinha levado mais de 5 minutos. Ainda rodei pela praça de alimentação até que os encontrei num quiosque tomando café.

Aproximei-me deles e disse:

— Olá Marcello, como vai? Lembra de mim?

Marcello olhou para mim como se estivesse vendo uma assombração. Arregalou os olhos e me disse:

— Fauzer, que surpresa. Como você está diferente!

— Realmente, você também está um pouco diferente. – respondi com certa ironia de quem tirava sarro dele.

Ele deu um sorriso, entendendo minha brincadeira com ele.

Conversamos um pouco sobre amenidades até que lhe disse:

— Eu trouxe um presente para te dar – estendendo a revista para ele.

Quando ele viu que se tratava de uma revista de corrida, mesmo com ela ainda embalada por um plástico, ele adiantou:

— Eu sei do que se trata! – sem nem abrir a revista.

Virou-se para seu amigo desconhecido e comentou:

— O Fauzer era nosso gerente de canais há 1 ano e meio atrás. Só que ele era muito mais gordo do que está agora e estava com vários problemas na perna. Eu sempre peguei no pé dele e gozava-o, pois ele disse que correria a São Silvestre.

— Então, abra a revista nas páginas 81 e 82, por favor, – completei, aproveitando o gancho.

Ele abriu a revista, dando de cara com o título da matéria falando justamente da minha recuperação exatamente na São Silvestre, com uma foto minha ocupando quase meia página na corrida.

— Parabéns! - foi tudo que ele conseguiu completar.

Depois de 2 anos de luta e vendo-o me apresentar para seus amigos caçoando de mim que eu correria a São Silvestre, pela primeira vez, ele me apresentava para alguém tendo que admitir que eu havia corrido a prova e tinha cumprido minha promessa de fazê-lo.

— Eu gostaria de te agradecer por ter pegado no meu pé por dois anos sem parar. Você acabou sendo um dos meus maiores incentivadores para manter minha meta – disse eu.

As brincadeiras dele sempre foram um grande incentivo para mim. Era um combustível que me fazia sentir vivo e com vontade de chegar ao meu objetivo final.

— E ainda vou correr a Maratona de São Paulo este ano!

— Você, correr a Maratona? – disse-me ele, surpreso.

— E você ainda ousa duvidar de mim? Se eu fosse você, não faria isso – completei.

Se não for a maior lição, uma das maiores lições que eu havia aprendido nos últimos 2 anos tinha sido a de NUNCA duvidar de ninguém.

Por mais difícil e improvável que uma situação possa parecer, ela pode acontecer. Se tivermos força de vontade e garra, muita garra, somos capazes de atingir objetivos nunca antes imagináveis. Eu havia provado isso para mim mesmo e para quem mais quisesse perceber.

Ele apenas me respondeu com um sorriso e um:

— Você tem razão!

Guardo esta lembrança com muita satisfação e carinho e se alguém hoje me pergunta quem foram meus maiores incentivadores nesta fase, certamente o Marcello está entre eles.

Segui adiante nos treinos e participando de mais algumas provas, entre elas uma meia maratona em março e outra em abril. No início de abril a ansiedade e a preocupação com a proximidade da corrida começaram a tomar conta de mim.

No início do mês, declarei à Patrícia que nos próximos sábados pela manhã me dedicaria exclusivamente aos treinos longos, de 3 e até mesmo 4 horas.

No dia 11 de abril, participei da última meia maratona da fase de preparação, a meia maratona da Corpore.

42,195

Naquele dia, durante a corrida, lá pelo quilômetro 12, encostei num colega da equipe do Adriano Bastos, chamado Luiz.

Luiz abriu um sorriso para mim e me disse:

— Vamos que te acompanho uns minutos. É um prazer correr ao seu lado.

Luiz é um grande sujeito que se impressionou com minha história e me via com muito carinho. Fomos correndo lado a lado e começamos a conversar.

Conversa vai, conversa vem, perguntei-lhe o que fazia e qual era sua formação. Disse-me ser engenheiro também.

— Sério, formado onde?

— Na Escola de Engenharia Mauá.

— Nossa, eu também! – respondi-lhe, surpreso.

Somos colegas da mesma faculdade e nem sabíamos. Um pouco mais adiante, descobrimos também que nossos pais eram médicos:

— Onde seu pai se formou? – perguntei.

— Na Escola Paulista de Medicina.

— Não pode ser, o meu também!

— Na verdade meu pai e minha mãe se formaram em medicina na mesma turma da Paulista – completou.

— Em que ano?

— Em 1959.

— Só pode ser brincadeira, meu pai se formou na Paulista no mesmo ano.

Achei que só faltava descobrirmos que éramos irmãos até a linha de chegada. Tínhamos a mesma formação, na mesma faculdade e meu pai havia se formado com seu pai e sua mãe na mesma faculdade também e na mesma turma.

Era muita coisa em comum para descobrirmos em um espaço de 5 quilômetros.

Começamos a falar de nossos pais. Ele disse-me que seus pais eram vivos e contei-lhe que meu pai havia falecido há 1 ano e meio. Uma repentina emoção tomou conta de mim e uma solitária lágrima ainda escorreu de meus olhos no meio do suor.

133

Ele percebeu que havia mexido comigo e mudamos de assunto. Na altura do quilômetro 18, disse-lhe para ir adiante e terminar a prova na minha frente, pois seu ritmo era bem mais forte que o meu.

Ele foi embora no ponto que encontramos o Rogério, nosso professor da equipe do Adriano, que ali estava dando suporte e incentivo aos corredores da equipe que passavam na parte final da prova. Terminei a prova e mais uma vez, bati meu recorde na meia maratona.

Criei uma amizade muito forte com o Luiz. Nunca imaginei fazer uma amizade tão rápida, com uma pessoa tão bacana, ainda mais durante uma meia maratona.

Nunca me imaginei conversando com alguém durante 5 quilômetros numa prova deste porte e ainda por cima descobrir tanta coisa conjunta em comum. Foi uma grata surpresa.

Voltamos a nos encontrar depois da linha de chegada e o agradeci muito pela sua ajuda durante a corrida. Disse-lhe ter ficado muito feliz em conhecer tantas coisas que tínhamos em comum e que estava certo de tê-lo como um novo grande amigo.

Duas semanas depois, voltei à USP para meu último treino longo antes da Maratona. Era um treino de 4 horas. Na semana anterior, havia corrido 3 horas e meia. O sol naquela manhã de sábado castigava. Estava muito quente.

Iniciei o treino numa agradável temperatura das 9h00 da manhã, mas lá pelas 10h30 a temperatura já ultrapassava os 30°C. A cada 45 minutos, passava pela base da equipe para me hidratar e comer alguma coisa, para aguentar o treino.

Ao completar a terceira hora de treino, com a exaustão já se apossando de mim, voltei à base para mais um copo com água, mas principalmente em busca de apoio.

Eu me sentia tão cansado que não queria seguir adiante e terminar o treino. Fui comentar com o Adriano do meu cansaço, certo de que ouviria ele me dizer para interromper o treino e descansar.

Ainda mais porque eu tinha que correr por mais uma hora, e dali a uma hora ele já teria ido embora e a USP estaria quase vazia, o que é bem desanimador para uma manhã de sábado de treino longo.

Para minha surpresa e de certa forma decepção, a resposta dele foi:

— Que é isso, homem. Você já correu 3 horas. O que é mais uma horinha? Só falta uma horinha, passa rápido, vamos em frente! – disse-me até mesmo com um certo ar de reprovação pela minha "quase desistência" do treino.

Minha vontade era de chorar tamanho o cansaço, porém resolvi seguir as instruções do mestre e fui adiante. Não tive a coragem de interromper o treino e me senti de certa forma até envergonhado por ter choramingado e quase interrompido o treino. Quando o cronômetro cravou 04h00min00s, eu o interrompi e acabei meu treino.

A sensação de missão cumprida foi enorme e de certa forma até mesmo de orgulho por ter suportado o treino no final. Eu perceberia os benefícios do treino e da dificuldade superada no dia da Maratona. Se não tivesse terminado o treino, provavelmente passaria as duas últimas semanas me perguntando se conseguiria terminar a prova.

A dúvida e a insegurança seriam enormes e provavelmente teriam um impacto devastador na minha confiança para a corrida. Mas, foi ao contrário: ter suportado aquele treino até o final me deu a confiança necessária para acreditar que terminaria, sim, a Maratona. Graças ao Adriano e à "puxada de orelha" que havia recebido dele.

Nas duas seguintes, o ritmo dos treinos foram diminuindo gradativamente. Meu último treino foi um "trote" leve de 7 quilômetros que durou 50 minutos, três dias antes da prova.

Eu tinha a previsão de completar a Maratona em 05h20 dessa vez.

Fiquei muito preocupado em ficar todo esse tempo sem conseguir comer. Por isso solicitei a um amigo, Marcelo Mauro, que estava treinando para o *Iron Man*, que me acompanhasse nos 10 quilômetros finais da prova. Lembrava muito da companhia que tive nos últimos quilômetros da Maratona de 2007 e percebi que sentiria muita falta de companhia nos 10 quilômetros finais da prova.

Como no sábado, véspera da prova, ele teria um desgastante treino para o *Iron Man*, combinamos que ele me acompanharia de bicicleta nos 15 ou 20 quilômetros finais da Maratona. As vantagens de estar de bicicleta seriam:

- ele se cansaria menos;
- poderia me acompanhar por um percurso maior;
- teria mais facilidade para carregar uma mochila com a alimentação necessária para mim.

Dessa forma, combinamos de almoçar juntos na sexta-feira véspera da prova, para que eu lhe entregasse meus pacotes de gel de carboidrato para que ele levasse para mim no domingo, de forma que eu carregasse menos volume na primeira metade da corrida.

Tudo preparado e planejado.

Três anos depois da minha última Maratona, bastava esperar o domingo chegar e partir para a largada da minha quarta Maratona, mesmo depois de tudo que passei.

Capítulo 12

Uma equipe de primeira linha

Se você quer correr, então corra uma milha. Se você quer experimentar uma outra vida, corra uma Maratona.

Do húngaro Emil Zátopek, a "Locomotiva Humana"

Dou muitas palestras motivacionais para empresas e outros grupos. A tarefa de um palestrante motivacional é, por certo, motivar pessoas. A ironia é que não acredito que uma pessoa possa de fato motivar outra. Palestras de motivação podem ter um efeito de curto prazo que induz o participante a sair da sala do seminário como se estivesse saltando com mola nos pés e grandes planos na cabeça, mas esse efeito raramente dura. A verdadeira motivação sempre vem de dentro. Você pode escolher ficar motivado. O máximo que os outros podem fazer é ajudá-lo a efetuar essa escolha servindo como exemplos de grande paixão a serem seguidos. E é só o que tento fazer nas minhas palestras motivacionais. Simplesmente conto às pessoas sobre minha grande paixão pela corrida

> *e a incrível viagem que essa paixão me proporcionou. Não há necessidade de traduzir essa mensagem do domínio da corrida para o domínio dos negócios ou o que quer que seja quando falo diante de grupos de não corredores. As pessoas são especialistas em fazer isso para si mesmas.*
>
> **50 Maratonas em 50 Dias**, de Dean Karnazes

Será que eu estava motivado para aquela Maratona?

Imagina se não...

Esperei três longos anos por aquele momento. Conseguia me lembrar direitinho de qual era a sensação de cruzar a linha de chegada de uma Maratona.

No sábado, véspera da prova, estava muito ansioso. Fui almoçar com um amigo, Raul e família.

Fomos a uma cantina comer massa. Já que minha única forma de "estocar" carboidratos seria comendo aos poucos, acordei no sábado com a meta de passar o dia comendo carboidratos. No almoço conversamos bastante, o que foi muito bom, pois serviu para desabafar um pouco e espantar o nervosismo.

No final da tarde o nervosismo voltou e o medo da fraca alimentação me prejudicar, também.

Patrícia tinha que trabalhar no domingo, porém, resolveu deixar o trabalho para depois da prova. Decidiu que, tal qual havia feito em 2007, me acompanharia para me providenciar alimentação.

Fiquei muito feliz com isso e muito mais tranquilo, pois estaria bem assessorado.

A diferença é que naquele ano ela não iria sozinha. Ela iria com meus filhos, Paola e Alexandre. Uma equipe de luxo. Durante o jantar, peguei um mapa do percurso e estudamos detalhadamente em que pontos eles me encontrariam e que horas aproximadamente eu passaria por lá.

Na manhã do domingo, todos acordaram, tomamos café e foram me levar para a largada. Pela primeira vez, ia para a corrida "escoltado" pela família toda.

Eles me deixaram numa rua paralela à avenida da largada e foram embora.

Após ameaçarem sair com o carro, Patrícia ainda me chamou de volta e perguntou se eu não queria que eles ficassem um tempo comigo ali. Minha vontade era que ficassem, sim, mas disse que não e deixei-os irem embora.

Fazia uma manhã quente e de céu aberto. O sol já prometia nos acompanhar por todo o dia.

Dirigi-me solitariamente para a linha de largada. Muita gente já por ali. Do outro lado do córrego da Av. Roberto Marinho, muitos ônibus guarda-volumes que levariam os pertences dos corredores da largada para a chegada no Obelisco do Ibirapuera. Iniciei meu aquecimento, correndo lentamente de um lado para o outro.

Encontrei umas 4 ou 5 pessoas da equipe do Adriano e me juntei a eles para o aquecimento. É uma sensação ruim ficar sozinho nessas horas. A companhia faz bem e a conversa com os colegas ajuda a aliviar a ansiedade do momento.

Ainda encontrei o Luiz e a Gisele próximos ao ônibus e trocamos algumas palavras. Fui cumprimentar um conhecido e fiquei de encontrá-los mais a frente. Perdi-os de vista. Fiquei chateado, pois o Luiz me passa segurança, confiança e alto astral.

Resolvi me posicionar na linha de largada. Fui caminhando, driblando os corredores, procurando alguém da equipe e não encontrei. Acabei me posicionando onde já estava cheio, do meio para trás. Todos estavam nervosos, ansiosos e concentrados. Esperamos em torno de 20 minutos ainda para a largada. No som ambiente do evento tocava MPB.

Reparei num senhor atrás de mim, de uniforme amarelo, dançando e cantando para relaxar. Vi seu nome em seu número de peito: "Ivan".

Mais alguns minutos se passaram e a largada foi dada. Lá fomos nós para algumas horas de desafio.

Eu havia treinado bastante, procurei entrar rapidamente no ritmo planejado para a corrida. Os primeiros quilômetros foram tranquilos e eu estava bem concentrado.

No quilômetro 6 encontrei a Luzinete, da equipe do Adriano, com uma caixa de isopor com hidratação para os colegas de equipe. Cumprimentei-a mas sabia que no meu retorno, já no quilômetro 38 que passava no mesmo trecho, não a encontraria mais ali. Ela ainda me incentivou dizendo:

— Vamos em frente, estarei aqui para dar apoio.

Mal ela imaginava que eu levaria umas 4 horas e meia para retornar àquele ponto.

O quilômetro 9 era o primeiro ponto de encontro com minha "equipe". Lá estavam eles me aguardando. Alexandre veio correndo em minha direção me perguntar:

— Pai, o que você quer? Suco de laranja, banana ou água?

Pedi um suco de laranja e ele voltou correndo até a Patrícia para pegar o suco. Retornou correndo em minha direção com a garrafinha de suco na mão e me entregou, feliz da vida.

Enquanto isso, minha filha Paola empunhava no canteiro central da rua um carinhoso cartaz escrito: "Vai Papai!"

Ao ver o cartaz, precisei engolir em seco para não começar a me emocionar e não perder a concentração. A última cena que me passaria na cabeça 2 anos antes seria a de estar correndo uma Maratona num domingo ensolarado, com minha esposa ao lado da pista me suprindo energia, meu filho correndo ao meu lado me entregando suco de laranja e minha filha com um cartaz de incentivo torcendo por mim.

Realmente, a vida dá voltas...

Segui adiante, muito mais animado e "reabastecido". Voltaria a reencontrá-los no quilômetro 17, aproximadamente.

Até lá não tive muitas dificuldades e fui conforme o planejado. Ao passar pelo quilômetro 15, avistei-os novamente no lado contrário da pista, em uma avenida com um canteiro central maior, porém, eles não me viram. Ainda tentei chamá-los, mas não me ouviram.

Mais uma vez, ao passar pelo quilômetro 17, Alexandre veio correndo em minha direção. Dessa vez, pedi uma banana e lá foi ele buscá-la com a Patrícia. Voltou correndo me entregando a banana, enquanto a Paola, de cartaz em punho, chamava a atenção dos corredores pelo incentivo ao pai. Era gratificante constatar o apoio que estava tendo da família. Era bom vê-los ali por minha causa. O sentimento de ter "um apoio só meu" era especial.

Depois da corrida eles me contaram que chamaram a atenção dos corredores pelo apoio, sendo, inclusive, cumprimentados por outros corredores que passavam por eles, surpresos pelo inusitado da cena.

Se todos os corredores tivessem suas esposas e filhos espalhados pelo circuito, a Maratona de São Paulo, que é uma prova bastante vazia de torcida, se tornaria uma verdadeira festa.

Após deixar o quilômetro 17 para trás, não sei o que aconteceu comigo. Subitamente comecei a sentir a boca cheia d'água e tive muitas náuseas. Meu ritmo caiu para menos da metade e achei que não fosse aguentar e que fosse vomitar no meio da pista.

Corri pelo menos 3 ou 4 quilômetros em ritmo muito mais lento, concentrando-me para não passar mal. Não consegui entender o porquê daquela sensação repentina que quase pôs minha corrida a perder.

O tempo não passava, não achava postos de água para tentar me refrescar e me bateu um certo desespero. Após uns 30 minutos, aproximadamente, consegui me recuperar aos poucos e voltei a um ritmo mais forte.

No quilômetro 21,5 lá estava minha equipe novamente. Alexandre vinha até mim feliz da vida. Dava para sentir a satisfação dele em ajudar o pai numa prova de "gente grande".

Não comentei nada sobre o mal-estar para não preocupá-los, tomei mais um suco e comi mais uma banana para me garantir, pois sabia que não os encontraria mais até a linha de chegada.

Ao deixá-los para trás, Patrícia foi levá-los para almoçar para, em seguida, me encontrar na linha de chegada.

Entrei na USP sozinho e comecei a sentir falta de companhia. Comecei a procurar o Marcelo (MM), mas não o encontrei, o que me deixou de certa forma preocupado.

Foram pelo menos 4 quilômetros até que o encontrasse no quilômetro 26. Quando passei pelo quilômetro 24, encontrei um atleta da equipe e já sentindo necessidade de companhia na prova, perguntei-lhe por quanto tempo ele continuaria. Para minha decepção ele estava terminando no quilômetro 25 e continuei sozinho.

Quando cheguei no quilômetro 25, encontrei meu treinador Adriano me aguardando com uma batata assada. Ele havia combinado com todos os Maratonistas da equipe que estaria pelo km 25 ou 26 de bicicleta aguardando todos com uma batata assada para repor os carboidratos.

Ele me avisou que o MM estava me procurando por ali. Fiquei bem mais aliviado ao ver que ele me encontraria em breve.

Peguei uma batata com o Adriano e reclamei do cansaço e do calor excessivo. Mais uma vez ele me disse:

— Vamos lá, homem. Você já correu 25 quilômetros. Só faltam 17! Vamos em frente!

O Adriano sempre nos incentiva falando "só falta 1 hora, só faltam 17 quilômetros!" com uma naturalidade de quem estivesse dizendo "só faltam 3 passos, a chegada é logo ali!", mas o efeito, por um lado devastador em nosso ânimo, por outro, nos faz sentir vergonha de parar, e vamos em frente.

Fui adiante e logo encontrei o MM de bicicleta. Foi uma injeção de ânimo. Fomos juntos e conversando. Quebrou a monotonia.

Ele me contou que foi bom ter ido de bicicleta, pois no sábado havia feito um exaustivo treino para o *Iron Man* na casa de 6 a 8 horas de treino.

Pensei comigo, só um amigo mesmo para se dedicar a nos acompanhar numa Maratona no domingo após um treino desses no sábado.

Eis que, na altura do quilômetro 28, sinto uma discreta fisgada na panturrilha direita. Os sintomas de câimbras chegaram mais cedo do que o planejado. Fiquei preocupado se conseguiria chegar ao final da prova, pois ainda faltavam uns 8 a 9 quilômetros antes que os túneis chegassem. E ainda seriam mais 3 rampas íngremes antes da chegada.

Procurei administrar o ritmo de forma à cãimbra não aumentar rapidamente, senão certamente não aguentaria o final da prova. Dessa forma, reduzi um pouco a velocidade.

Quando passo pelo quilômetro 31, cruzo com o Sr. Ivan, caminhando próximo a mim, com cara de muito cansado. Nos reencontramos após mais de 4 horas de prova.

Com a companhia do MM tive mais confiança em terminar a prova. Consegui enfrentar o primeiro túnel e logo na saída me deparo com o famoso grupo da "Laranja do quilômetro 36". Ingressamos no segundo e abafado túnel, saindo já no quilômetro 38.

Obviamente, como já era de esperar, a Luzinete não se encontrava mais lá. Certamente já estava em casa descansando.

Já no retão do quilômetro 38 comecei a me lembrar de muita coisa que havia passado nos últimos dois anos. Uma discreta sensação de realização tomava conta de mim ao mesmo tempo em que me preocupava em não menosprezar os quilômetros que restavam.

Seu sucesso numa Maratona pode ser definido numa fração de segundos, numa puxada mais forte na perna, no excesso de confiança que pode nos levar a apertar o passo e nos render à fadiga muscular.

MM me abastecia com Coca-Cola, água e carboidrato em gel. Lembrei-me dos ônibus "cata-morto" dos outros anos. Felizmente, dessa vez, eles deveriam estar bem atrás de mim. Fiquei chateado ao perceber que não conseguiria atingir minha meta de 5h20 de prova, mas o calor estava maltratando demais.

Ao ingressar no último túnel, veio a lembrança do Eduardo na minha primeira Maratona e dos 3 patetas naquele mesmo túnel, 4 anos antes. Felizmente, eles não estavam por lá.

Na saída do último túnel, lá estava ela: a placa do quilômetro 40. Cruzei-a já imaginando a chegada, a sensação de dever cumprido, de mais um desafio superado após tantos outros obstáculos. Lembrava-me da minha família, dos meus médicos, amigos, das pessoas da equipe, dos professores da academia (Solange, Helena, Bal, Flávio, Krissie, Camila) que tanto ouviram minhas lamentações nos treinos de recuperação dos joelhos, durante 1 ano e meio, dos colegas de trabalho, de todos que duvidaram de mim, lembrei do Marcello me perguntando em fevereiro "Você você vai correr uma Maratona?". Lembrei de ter-lhe dito para não duvidar de mim.

Em meio às lembranças, surge o pórtico de chegada na minha frente. Aproximadamente 100 metros antes do tapete de chegada, algumas grades isolavam a área, permitindo que apenas os sobreviventes entrassem por aquele corredor.

Eu havia conseguido controlar a câimbra por quase 10 quilômetros e por 3 túneis, e a venci.

Naquele ponto, estendi a mão ao MM e o agradeci de coração pela ajuda, pela companhia e pelo carinho.

Entrei na área de chegada realizado, estranhamente sem vontade de chorar. Será que eu havia mudado tanto assim a ponto de não chegar chorando na Maratona?

Ainda deu tempo de "pagar o último mico" antes da chegada: nas arquibancadas ao lado dos metros finais da pista, vejo 3 pessoas acenando em minha direção. Achando que era comigo, comecei a acenar também para eles, quando reparei que eles estavam acenando para outro corredor que vinha logo atrás de mim. Senti-me um pateta naquele momento. Após 5 horas, 34 minutos e 8 segundos de corrida, pisei no tapete de chegada e desliguei meu cronômetro.

Uma vez mais, missão cumprida. Uma vez mais, aquele sentimento de realização tomava conta de mim. Uma das maiores vitórias pessoais da minha vida acabava de se concretizar. Uma vitória marcante, suada e dolorida. Mas uma vitória para ficar gravada na alma.

Parei ao lado de uma grade para tirar o *chip* do tênis e quase não consigo me locomover para sair dali, tamanho cansaço. Procurei a Patrícia e as crianças, mas não os encontrei.

Retirei minha medalha e me dirigi à tenda da equipe do MM que estava por ali me aguardando.

Quando ainda estava me dirigindo ao encontro do MM, um senhor alto de sotaque mineiro passa ao meu lado puxando papo. Ele havia acabado de chegar também. Daniel é seu nome. Apresentou-se e me parabenizou pela conquista. De repente, começou a me contar que havia operado um "câncer de próstata" um ano antes da Maratona. Que havia se recuperado e estava lá feliz da vida, concluindo sua enésima Maratona na vida.

Do alto de seus quase 60 anos me confessou já ter corrido mais de 30 maratonas, entre elas mais de 10 em Nova York, umas 20 São Silvestres ou mais e por aí adiante. Mas que o importante era chegar bem e curtir a vida.

De uma hora para outra me vi parado à sua frente de boca aberta. Disse-lhe:

— Quem merece os parabéns aqui é o senhor. Não o conheço, mas já sou seu fã. Operou um câncer há 1 ano e está aqui embaixo deste sol de mais de 30°C correndo Maratona? O senhor é uma lenda viva! Quero seu autógrafo.

Conversamos um pouco mais, ele se despediu de mim e foi embora.

Fiquei com a impressão de que não era humano. De que era um anjo em forma de corredor que havia passado por ali para me cumprimentar pelo dever cumprido. Lembrei de meu pai e de meu sogro, mortos pelo câncer. Meu sogro então, justamente por um câncer de próstata. E de uma hora para outra me aparece o Sr. Daniel, leve e saltitante 1 ano após operar o câncer, terminando uma Maratona.

Naquele momento, comecei a chorar. Estava achando estranho eu não ter chorado até então. Acho que por isso Deus enviou o Sr. Daniel para cruzar meu caminho, me emocionar e me fazer chorar.

Maratona sem choro no final não existe, pelo menos para mim.

Retomei meu rumo ao encontro do MM, quando cruzo com o Sr. Ivan. Ele me cumprimentou também, me parabenizando pelo resultado, ao lado de sua esposa e filhos. Ainda me falou:

— Estávamos juntos na largada, não é? Você me viu cantando e dançando na linha de largada...

Realmente, eu havia reparado. Ele ainda comentou:

— Nada melhor do que encontrar a família após uma corrida dessas!

— Tem razão. Estou procurando a minha, que ficou de me encontrar aqui – respondi.

Cheguei na tenda do MM e ainda esperei a Patrícia, a Paola e o Alexandre por uns 15 minutos.

Devido ao excesso de trânsito na região do Ibirapuera por causa das ruas interditadas para a corrida, eles tiveram muita dificuldade em encontrar um lugar para estacionar.

Dessa forma, se atrasaram na chegada e não me viram chegando. Quando chegaram, agradeci o apoio, me despedi do MM e fui para casa descansar.

No carro, com a Patrícia dirigindo, afinal eu não tinha condições de mover mais nenhum músculo, percebi que a Paola estava chateada. Perguntei-lhe por que ela estava daquele jeito e descobri que ela estava triste por não ter assistido minha chegada na corrida.

Procurei animá-la e disse-lhe que não faltariam oportunidades para eles verem minha chegada em outras corridas e outras Maratonas. Após tanta dedicação deles em me ajudar, fiquei chateado ao vê-la daquele jeito.

Mas não tem problema, certamente outras Maratonas viriam pela frente e ela teria a oportunidade de me apoiar mais vezes e de me ver cruzando a linha de chegada.

Afinal de contas, desta equipe eu não abro mão mais. Não terá a mesma graça correr uma Maratona sem tê-los ao meu lado.

Além do mais, comprovei uma tese que já havia ouvido em outras oportunidades: a participação da família é muito importante nestas provas.

Ela valoriza a conquista tanto para mim quanto para eles, por acompanharem de perto a dedicação, a dificuldade e a satisfação de se atingir o objetivo.

MM também foi fundamental na minha conquista. Sua prova de amizade não tem preço.

Mas e o Urso?

Por onde andaria nosso amigo Urso do Cabelo Duro? Dessa vez, ele não havia aparecido, nem para a prova de 10 quilômetros. Procurei seu nome nos resultados oficiais e nada. Não o via desde a São Silvestre.

Acho que depois da surra que dei nele na São Silvestre, ele deve estar se preparando para me atropelar em alguma prova.

Será que seria na Duque de Caxias, na Corrida da Independência ou na São Silvestre novamente?

É melhor eu tomar cuidado e ficar alerta. Ele deve estar aprontando alguma, para me dar o bote na próxima curva...

Capítulo 13

A Tríplice Coroa

Como o ex-maratonista detentor do recorde mundial Ian Thompson disse uma vez: Quando estou correndo bem, estou feliz, e quando estou feliz, estou correndo bem.

50 Maratonas em 50 Dias, de Dean Karnazes

Passaram-se três semanas desde que havia completado minha terceira Maratona de SP.

Sentia-me realizado, finalmente tinha a sensação de ter fechado aquele ciclo.

Havia finalmente voltado não só às corridas, como tinha voltado a correr uma Maratona, consegui completar a prova e de quebra bati meu recorde pessoal.

Iniciava-se uma nova fase? Era o que eu achava, mas o último capítulo deste ciclo, para minha surpresa, ainda estava por vir.

Nos dez dias que se passaram após a Maratona apenas descansei, não fiz nenhum treino. O único exercício que não me poupei em realizar foi o de contar a todos que encontrava que havia completado a Maratona.

Nos 2 dias seguintes à prova, senti dores musculares normais, proporcionais ao desgaste físico. Na quarta-feira as dores pioraram. Sentia-me endurecido e muito cansado. Já me passava pela cabeça voltar a treinar, mas o cansaço não permitiu. Posterguei o retorno para a semana seguinte.

Na terça-feira seguinte, 9 dias após a prova, fui para o meu primeiro treino de retorno. Cheguei à USP celebrado pelo Adriano. Ele me disse que havia ficado muito satisfeito com meu resultado, pois com o calor daquele dia, esperava uma *performance* muito pior. Ainda brinquei com ele perguntando se eu já voltaria aos treinos de tiro e velocidade naquele dia mesmo.

— De jeito nenhum. Vá fazer um trote bem leve, quase uma caminhada em torno de 40 minutos. Caso se sinta bem, pode esticar para 45 minutos – ordenou-me.

Trotei levemente pela USP por 40 minutos e terminei o treino com um enrijecimento muscular como se tivesse corrido por 3 horas pelo menos.

Realmente, nosso corpo nos comanda de forma interessante. Senti na pele o que dizem sobre a recuperação da Maratona, que leva em torno de 3 semanas para começar a se recuperar. Estava sentindo mesmo a carga de esforço da Maratona.

No dia seguinte, finalmente criei coragem e me inspirei em escrever uma mensagem e enviar por *e-mail* aos meus amigos. Uma mensagem que há muito tempo imaginava escrever quando retornasse finalmente às Maratonas.

O título da Mensagem era "A Comemoração do meu Aniversário de 42km de Idade", e a mensagem era a seguinte:

> *Meus caros amigos,*
> *Como vão? Tudo bom?*
> *No próximo dia 21 de maio completarei meus 42km de rodagem na estrada da vida. A comemoração deste aniversário, realizei no último dia 2 de maio correndo a **Maratona de SP**.*

Foram 42km que representaram meus 42 anos de vida. Corri cada km como se representasse cada ano de vida.

Foi interessante o fato de um dos quilômetros mais difíceis da prova ser justamente o quilômetro 40, onde, já exausto e após já ter corrido 5 horas debaixo de um calor de 30°C, tivemos que enfrentar 500 metros de subida na saída do abafado túnel Tribunal de Justiça. Tão difícil quanto meus 40 anos de idade em 2008, quando passei por 5 cirurgias, 2 tromboses, 2 meses de gesso, fratura no dedo do pé, rompimento de ligamentos, morte de pai, morte de sogro e sei lá o que mais.

Porém, o quilômetro 42 foi um dos mais prazerosos por ser o desfecho da corrida, da mesma forma que este aniversário de 42 anos de vida desfechará de vez todo este período, iniciando novos 42, ou quem sabe mais 84 anos de vida...

*Ainda por cima, fiz meu melhor tempo na distância (apesar de não ser um tempo muito louvável, por ser muito alto) terminando em **05h34min08s**. Mesmo assim, consegui baixar meu melhor tempo do passado em 10 minutos, de quando eu ainda tinha 41kg a mais.*

Mas como "desistir" é um verbo que não consta em meu dicionário... Sinto-me com a Missão Cumprida!

Vocês, que estão copiados aqui neste e-mail, *acompanharam nesse período de alguma forma tudo que passei.*

Obviamente quero fazer alguns agradecimentos especiais:

*— Minha maravilhosa "equipe": **Patricia**, **Paola** e **Alexandre** por estarem sempre ao meu lado e também durante a prova, nos km 9, 16 e 21, me levando o suplemento necessário para que eu conseguisse terminar a prova;*

*— **Adriano**, **Renata** e **Rogério**, meus treinadores, por sempre acreditarem e me incentivarem. Aos treinos debaixo de sol, chuva, calor ou frio. E aos discretos puxões de orelha como o que o Adriano me deu no meu último treino longo, quando após 3 horas de treino quase parei, me incentivando a completar as 4 horas de treino;*

*— Ao **MM (Marcelo Mauro)**, que mesmo após um exaustivo dia de treinos para o* Iron Man, *ainda me acompanhou nos 16 qui-*

lômetros finais da Maratona, me levando água, Gatorade, Coca--Cola e incentivo, numa clara demonstração de companheirismo e amizade. Torço por você no Iron Man!

A propósito, a Maratona são 42.195 metros. E os 195 metros finais? Acho que representaram o "Parabéns". Ao terminá-los, fui buscar meu presente de aniversário: A Medalha da Maratona.

Obrigado por todo o apoio e incentivo de todos.

Um grande abraço,

Fauzer Simão Abrão Jr.

Encaminhei este *e-mail* para todos os amigos e para as pessoas que direta ou indiretamente acompanharam ou contribuíram para minha recuperação durante aqueles 2 anos e 4 meses que separaram minha última corrida antes das lesões (São Silvestre de 2007) do meu retorno à Maratona SP em 2 de maio de 2010.

Tenho que confessar que as diversas respostas que recebi deste *e-mail* foram mais do que surpreendentes. Foram gratificantes e emocionantes para mim.

Coroaram tudo que passei, tudo que lutei e sacramentaram a certeza de que tudo valeu a pena. E valeu muito a pena.

Foram provas de amizade e de reconhecimento. É nessas horas que reconhecemos verdadeiros amigos. Amigos de coração, que mesmo estando distantes há algum tempo, que não encontramos ou mesmo que não falamos há dias ou até mesmo meses, estão lá torcendo por nós e nos respondem com esse carinho.

Não posso deixar de registrar aqui algumas destas respostas que me recompensaram ainda mais. Eis alguns relatos:

Querido! Fiquei muito feliz com esse e-mail! *Parabéns pela sua superação! Você realmente sempre falou que ia conseguir! Parabéns!*

Um beijo grandão!

Geórgia. *

* Uma amiga que trabalhou comigo no ano mais difícil de minha recuperação.

Legal Fauzer, ficamos muito felizes com esta sua conquista que foi apenas a primeira de muitas.
Parabéns por toda a superação.
Abraços, Adriano.*
* Meu treinador.

Fauzer,
Parabéns! Realmente você foi a mola mestra desta conquista.
Determinação, força de vontade, perseverança, você tem tudo isso!
Estou muito contente com a sua vitória!
Um forte abraço!
João.*
* Um dos meus médicos.

Fauzer,
Ufaaaaaaa... não tenho como começar o meu e-mail para você de outra forma.
Que forma maravilhosa de comemorar, cheia de significado e superação!
Fico muito feliz por você.
Você é um "puta" vencedor, não na maratona, mas na vida!
Um grande abraço do seu amigo,
Paulo.*
* Um dos meus grandes amigos, há quase 20 anos.

Grande Fauzer, emocionante o seu relato. Parabéns pela maratona e seu esforço em superar todos esses desafios, que não foram fáceis.
Parabéns pelos 42 anos, desejo muito paz, saúde e sucesso.
Abraço a você e a sua "equipe".
Ronaldo.*
* Outro grande amigo de mais de 10 anos.

Bom-dia Grande Alma,

Você, sempre foi no meu pensamento e nas minhas sessões de coach *com meus clientes um exemplo a seguir. Sempre o cito, como exemplo de não desistir, de continuar. Até aqui na Itália você já é conhecido.*

Parabéns, como sempre. Muito sucesso e prosperidade. Curta muito o momento que está vivendo agora... a vida é assim, altos e baixos. O importante é saber surfar.

Beijos e mande notícias.

Ana Rezende.*

* Amiga corredora e Maratonista, que mora na Itália.

Olá Fauzer,

Li a mensagem e, bem... Não há o que dizer: mais uma vez confesso que você me deixou emocionado.

Parabéns caro amigo. Como disse uma vez, antes de saber que éramos tão próximos, é um privilégio conhecê-lo. Serve de exemplo em muitos sentidos.

Um Abraço,

Luiz.*

* Meu mais novo amigo, colega de equipe e com tanta coisa em comum que descobrimos em nossas vidas.

Oi Fauzer,

Um milhão de parabéns, foi um belo exemplo para todos nós. Me fez refletir um monte.

Um grande abraço

Raul.*

* Meu companheiro de treinos e histórias. Almoçou comigo na véspera da Maratona.

Cara, fantástico!

Nem tenho palavras para descrever isso, mas, em todo caso, FELIZ ANIVERSÁRIO!!!!

Gui.*

* Guilherme, um grande amigo.

Fauzer, pessoas como você é que mudam este mundo!!!
NUNCA, MAS NUNCA DESISTA DE SEUS SONHOS.
Regards.
Vejo pelo seu olhar que você é um CAMPEÃO!
Nada vai te parar agora...
Vc conseguiu chegar no fundo do seu coração! Somente gente de garra faz isso!
Fico feliz e sou orgulhoso de ser seu amigo!!!!
Regards,
Ricardo.*

* Ricardo, amigo que mora na Austrália,

Meu caro:
Tive que comprar camisa nova, pois meu cotovelo estourou a que eu tinha.
Pois bem, por conta da sua obstinação, na quinta-feira mesmo fui ao médico de novo. Resolvi, como você, comemorar os meus 43 em setembro, quem sabe correndo os mesmos 43. Boa ideia.
Afora a indicação da psicóloga, ao que tudo indica, terá de novo alguém para companhia.
Com relação à camisa... coloco uma cotoveleira.
Parabéns! Serviu de exemplo.
Thiago.*

* Amigo corredor que me acompanhou em muitos treinos, porém, ficou mais de 1 ano parado por contusão no pé.

Oi Fauzer,
Tudo bem?
Parabéns e muitas felicidades pelo seu aniversário.
Somos como o vinho, cada vez mais experientes e com a mesma energia.
Muito legal a sua carta. Parabéns pela lição de vida.
Um grande abraço,
Ricardo.*

* Amigo de mais de 35 anos.

Fauzer,

Parabéns pela superação na Maratona de SP e por toda a supe-
ração em sua vida.

Continue sempre assim.

Beijos,

Vi.*

* Vivian, amiga de corrida e da equipe.

Que graça, emocionante! Vou falar de novo, você deveria ser
escritor!

Parabéns, desejo verdadeiramente que você tenha um aniversário
muito feliz e mais inúmeros anos bons.

Beijos,

Carolina.*

* Uma de minhas maiores incentivadoras para o livro.

A cada dia que recebia essas mensagens me emocionava mais e tinha a certeza que todo esforço realizado tinha valido a pena.

Comecei a me sentir um pouco desanimado, pois meu grande objetivo havia sido alcançado e não tinha nenhum outro em vista. Era uma reação muito comum de quem participa de um evento deste porte. O próprio Adriano me disse que muitos corredores passam por este desânimo "pós-maratona" ou "pós-grande evento", como queira chamar.

E assim os dias foram passando por 3 semanas, até que meu aniversário finalmente chegou.

Resolvi convidar uns poucos amigos para comemorá-lo numa pizzaria no sábado, dia 22 à noite. No dia 23, realizaria minha primeira prova de 10km pós-Maratona. Fomos à pizzaria e saímos de lá perto da meia-noite. Foi uma ótima noite.

Porém, meu filho havia batido o dedo e a lateral do pé e vinha reclamando muito de dor. Saímos do jantar preocupados em ter acontecido algo mais sério com ele.

Acabamos decidindo por ir ao prontoatendimento para ter certeza que não era nada mais sério. Dessa forma, só retornamos para casa em torno da 1h30 da manhã.

Estava me sentindo tão cansado que comecei a procurar desculpas para mim mesmo para não ir à corrida no domingo. Era uma corrida de 10km apenas, eu havia participado da Maratona há poucas semanas, tinha ido comemorar meu aniversário, voltei muito tarde para casa, em resumo, tudo era desculpa para não ir à prova. Porém, minha consciência me incomodou, pois até então nunca havia faltado numa corrida em que havia me inscrito e não queria criar uma "mancha" no meu *curriculum* esportivo. Então, me forcei a ir.

No domingo acordei com um pouco mais de dificuldade do que o normal, pois havia dormido pouco, mesmo assim saltei da cama e logo fui me preparar para sair, antes que desanimasse.

Tomei meu café da manhã, me arrumei e fui.

Fazia uma manhã levemente chuvosa, com o céu bem acinzentado. Era mais um motivo para arrumar uma desculpa e não ir, mesmo assim fui. Cheguei à arena do evento, fiz meu aquecimento preguiçosamente e tomei uma decisão: Pela primeira vez, após 85 corridas disputadas, iria mudar minha estratégia. Sempre me preocupei em me poupar no início das provas para me certificar de que não faltariam forças para terminá-las. Porém, naquele dia, faria o contrário. Resolvi sair em um ritmo mais forte e tentaria manter o ritmo pelo maior tempo que conseguisse. Se ficasse muito cansado, reduziria o passo ou até mesmo andaria no final da prova, mas resolvi mudar. Encontrei pouca gente da equipe, entre eles meu novo amigo Luiz, e a Gisele.

Larguei sozinho e fui adiante. Passei meus primeiros quilômetros na casa de 6 minutos por quilômetro, consciente de que estava mais rápido do que o meu normal e fui adiante, quilômetro a quilômetro. Quando cheguei na casa do quilômetro 6, 7, me surpreendi ao ver que meu ritmo não diminuíra.

E assim fui até o décimo quilômetro. Ao cruzar a linha de chegada olhei para o cronômetro no pulso e constatei: **1h00min54s**. Era meu recorde pessoal nos 10km, tendo abaixado em 5 minutos o meu melhor tempo anterior. Fiquei surpreso, mas estava certo de que o percurso deveria ter na verdade 9.500 ou 9.600 metros no máximo.

Como estava ainda me recuperando de uma maratona, certamente o percurso deveria ser mais curto e não era eu que tinha batido meu recorde.

Logo após a chegada voltei a encontrar o Luiz, a Gisele e mais alguns corredores da equipe e lhes perguntei se o percurso não deveria estar errado, para menor.

Todos me disseram que não, todos tinham feito tempos dentro do seu normal e alguns tinham feito tempos até maiores que seu normal para uma prova de 10km.

Comentei que havia quebrado o meu recorde em 5 minutos e que ainda quase quebrara a barreira de 1h00min00s. Todos me parabenizaram e fiquei muito feliz.

Foi aí que caiu a ficha: em torno de 45 dias antes havia corrido uma Meia Maratona e batido meu recorde em 15 minutos, no dia que conheci melhor o Luiz.

Três semanas depois foi a batalha da Maratona e mais uma vez quebrei meu recorde em 10 minutos e finalmente naquele dia eu quebrara em 5 minutos meu recorde nos 10km.

Eram as três distâncias mais clássicas de provas de fundo no atletismo, as três distâncias que eu mais gostava e três corridas consecutivas.

A primeira frase que me veio à mente foi: "É minha Tríplice Coroa!".

E sabe que dia era aquele 23 de maio? O dia do aniversário do meu pai. Lembrei dele durante toda a corrida. Na chegada, ao comentar com o Luiz que era o aniversário dele, recebi um sorriso aberto, um abraço, um beijo e ouvi-o me dizer que meu recorde havia sido conquistado com a ajuda de meu pai, que devia ter me empurrado durante todo o percurso.

Fiquei muito emocionado. Agradeci, me despedi e fui embora, direto para o cemitério.

Comprei um discreto vaso de flores, depositei em seu túmulo e fiz uma oração por ele. Agradeci a "ajuda" naquele dia e voltei para casa realizado.

Parecia que estava tudo muito perfeito para ser verdade.

Depois de quase 2 anos com diversas lesões, cumpria minha promessa, meu objetivo, batia recordes e estava feliz.

Não havia maneira melhor de comemorar minha fase.

Já imaginava o desfecho do meu livro. Aquele final feliz era perfeito para aquele longo período de batalha e dedicação.

Terminaria o livro citando os três recordes, programando os próximos desafios, soltando fogos, festejando e *"The End"*.

O que eu não sabia era o que viria pela frente.

Minha maior batalha estava por começar.

Certamente uma das mais difíceis e com mais desafios do que todas as 87 corridas que eu já havia realizado desde o "Capítulo 1".

A única diferença é que foi a única não planejada, que transformaria este capítulo não no último, mas no penúltimo capítulo do livro, pois renderia muito ainda a contar...

Capítulo 14

A vida no Cara e Coroa

Eu estava numa fase que surpreendia as pessoas.

Muitos amigos e colegas de trabalho que reencontrava após muito tempo não me reconheciam nas ruas, devido aos meus 41 quilos a menos.

Reencontrei um amigo, sócio de uma grande revenda de informática no Brasil. Fizemos muitos negócios juntos há alguns anos.

Após se surpreender com minha nova fase, me convidou para dar uma palestra para os seus funcionários na sua empresa e contar minha história.

Numa sexta-feira, dia 4 de junho, fiz a palestra para um público de aproximadamente 50 pessoas. A palestra consistia basicamente em relatar todas as lições que eu havia aprendido com as dificuldades dos últimos anos. Procurar passar principalmente a mensagem da importância da dedicação, persistência, planejamento, disciplina, trabalho em equipe e principalmente de como devemos acreditar em nós mesmos. Essas lições são facilmente transferidas para o mundo corporativo. Foi 1 hora e meia de palestra e ao final alguns saíram com lágrimas nos olhos, surpresos e emocionados com minha persistência.

O *feedback* da palestra foi um sucesso. Alguns participantes me enviaram simpáticos *e-mails* depois me parabenizando pela história e pela palestra em si.

Dois dias depois, no domingo, dia 6, fiz um passeio com meus filhos. Porém, acordei mal naquele dia, com diarreia.

Durante o passeio, a diarreia não cedeu, me incomodando o dia inteiro.

Na segunda-feira a diarreia melhorou, porém, passei a vomitar muito. Tudo que eu comia, vomitava. Tudo que eu bebia, vomitava. Na terça-feira, resolvi ligar para o Dr. Sidney, que havia operado meu estômago, pois comecei a ficar preocupado se não poderia ser algo relacionado à cirurgia.

Passei a segunda e terça-feira feira assim. No final da terça-feira, já bastante abatido, o Dr. Sidney pediu que eu fosse para o prontoatendimento para ver o que poderia ser.

Lembram-se do prontoatendimento que errou o diagnóstico da fratura do meu braço há 10 anos? Então, voltei lá, afinal de contas ainda é considerado um dos melhores hospitais.

Dei entrada no prontoatendimento acompanhado por meu irmão Fábio. Mais uma vez, precisei pedir sua ajuda para me acompanhar, pois a Patrícia precisava ficar em casa com as crianças.

Fiz um exame de sangue, puseram-me soro e fiz uma consulta com o médico plantonista. Após umas duas horas de espera, o médico me chamou e me disse que era uma Infecção Intestinal, uma virose comum.

O resultado do exame de sangue ainda não tinha ficado pronto, mas bastava tomar uns antibióticos que melhoraria. Voltei para casa com uma receita recheada de remédios e antibióticos.

Porém, na quarta-feira continuei vomitando muito. Tudo o que eu comia, voltava. Já não conseguia me alimentar com mais nada. Tomava os remédios e vomitava, bebia um gole d'água e vomitava.

E assim passei a quarta-feira.

Liguei novamente para o Dr. Sidney, comentando que eu não estava melhorando. Já na quinta-feira, praticamente, não conseguia sair da cama.

A Patrícia foi ao trabalho e a cada 30 minutos me ligava, perguntando como eu estava e me incentivando a beber um pouco d'água e comer um pedaço de bolacha. Eu tentava comer algo, mas cada vez me sentia mais fraco e a cada gole d'água novamente vomitava.

Até que, em torno das 14h00 liguei para a Patrícia e lhe disse que achava que tinha algo muito errado comigo e que iria voltar ao prontoatendimento.

Liguei para o Dr. Sidney que pediu que eu retornasse ao hospital e o procurasse, para me examinar.

Ao sair de casa para pegar um táxi, quase fui atropelado ao atravessar a rua, pois estava tão fraco que não consegui atravessar a pista rapidamente.

Ao chegar ao hospital, fui ao encontro do Dr. Sidney em seu consultório. Ao ser chamado, ele me aguardava na porta da sala. Ao me ver, me pegou pelo braço e já saiu comigo rumo ao prontoatendimento novamente. Minha aparência estava tão ruim que ele não hesitou em me levar de volta ao prontoatendimento. Voltei ao soro e começaram a se perguntar o que eu poderia ter. Dr. Sidney ficou preocupado em ser uma aderência no meu intestino, referente à cirurgia. Dessa forma, solicitou uma tomografia simples do meu intestino e me informou que seria sem contraste.

O exame de sangue que havia realizado na terça-feira não havia sido lido até a quinta, uma vez que o médico me dera alta na terça-feira.

Muito tempo depois, foi constatado que minha Creatinina na terça já estava em 2,5, sendo que o valor normal para um adulto é até 1,5.

Não entendo nada do significado desses valores, só vim a aprender depois. Para mim, se dissessem que estava em 1,20 ou 1.000 dava na mesma.

Com a forte desidratação que sofri entre terça e quinta-feira, voltei ao hospital com a Creatinina já em 4,5, o que alertava para que meus rins já estivessem "sofrendo" com meu estado clínico.

Em torno das 18h00 entrou na enfermaria em que estava uma enfermeira com uma garrafa de 2 litros de contraste, para eu começar a tomar para a tomografia.

Praticamente expulsei a enfermeira da enfermaria. Eu já estava bastante nervoso com tudo que estava acontecendo.

Uma hora antes 3 enfermeiras diferentes haviam tentado por 9 vezes me colocar um acesso na veia para colocar o soro. Como eu estava extremamente desidratado, pois há 4 dias vomitava tudo que comia e bebia, minhas veias estavam completamente finas, quase secas, dificultando o acesso.

Eu disse à enfermeira que além do médico ter me dito que a tomografia seria sem contraste, que eu não tinha nenhuma condição de beber nenhum gole daquilo. Se há 4 dias eu vomitava qualquer copo com água que ingeria, imagina beber 2 litros de contraste.

Eu devia estar tão furioso que a enfermeira desapareceu rapidamente da minha frente.

No final da tarde, como a Patrícia precisava ficar em casa com as crianças, chamei minha mãe para me fazer companhia no prontoatendimento.

Aguardei até às 20h00, quando me levaram para a tomografia. Após uns 15 minutos transcorridos do exame, ele foi interrompido e entrou na sala um enfermeiro para me injetar contraste na veia e continuá-lo. Como eu não havia tomado o contraste via oral, ele foi injetado em mim.

Terminado o exame, voltei à enfermaria.

Algumas horas depois o Dr. Sidney apareceu, aliviado, pois o resultado da tomografia foi normal. Não tinha nenhum problema com meu intestino nem estômago relacionado à minha cirurgia bariátrica.

Passaram então a pesquisar que tipo de virose eu tinha.

Durante a madrugada e ao longo da sexta-feira entravam médicos na enfermaria me informando que estavam fazendo cultura para identificar qual a virose que eu tinha. Achavam que poderia ser Dengue.

Porém, na sexta-feira, meu quadro piorou muito e no meio da tarde eu já me encontrava muito inchado com 10 quilos acima do meu peso normal.

Os exames de sangue mostravam que a quantidade de plaquetas no meu sangue, que normalmente é de 150.000 no mínimo, já estavam na casa de 40.000.

Apesar de não fazerem a menor ideia do que eu tinha, concluíram que eu deveria ser internado.

Meu irmão, Mauricio, conseguiu um quarto para mim no Hospital Alemão Oswaldo Cruz e eu precisaria ser removido para lá. Quando liguei para o Mauricio na sexta-feira, tomei uma bronca por não tê-lo avisado antes que estava mal.

Disse-lhe que tudo começou com uma forte porém simples diarreia e que se a cada diarreia que eu tivesse, eu fosse chamá-lo, iria deixá-lo maluco.

Disse para os médicos que iria para o Hospital Alemão Oswaldo Cruz com minha esposa Patrícia. Proibiram-me.

Informaram-me que eu deveria obrigatoriamente ir de ambulância, pois com aquela baixa quantidade de plaquetas no sangue, se houvesse um acidente de trânsito eu corria risco de morte.

Precisei aguardar até às 20h00 para a ambulância chegar e me levar ao outro hospital. Eu que achava que meus passeios de ambulância eram coisa do passado.

Dei entrada no Hospital Alemão Oswaldo Cruz às 21h30 e fui atendido pelo Dr. Eduardo, infectologista indicado pelo Mauricio.

Ao ver meus exames, deu para notar sua apreensão em seu rosto. Ele achou melhor chamar urgentemente a equipe de nefrologia do Oswaldo Cruz para ver meu quadro. Equipe dos doutores Américo, Érico e Leonardo.

Vim a saber depois que minha Creatinina já estava em 10,5 e que meu quadro chegara à uma Insuficiência Renal Aguda. O contraste da tomografia da noite anterior, aliado à minha Creatinina que já estava em 4,5 no momento da tomografia "fritou" meu rim, como os próprios médicos me relataram.

Meus rins pararam totalmente, estavam em 0% de funcionamento.

Aí se explicava meus 10 quilos de inchaço. Eu estava caminhando a passos largos rumo ao óbito.

No sábado pela manhã, já internado, o Dr. Leonardo, da equipe de nefrologia, que eu havia acabado de conhecer, entrou em meu quarto para conversar comigo.

42,195

Puxou um banquinho ao lado da cama e me disse:

— Precisamos conversar.

Quando um médico que você acabou de conhecer puxa um banquinho, senta ao lado de sua cama e diz que precisa conversar com você, boa coisa não é.

Ele me explicou cautelosamente o estado dos meus rins e me disse que eu "talvez" precisasse fazer diálise e "talvez" precisasse fazer uma biópsia renal.

Esses "talvez" dele levaram menos de 1 hora.

Uma hora depois, conheci o Dr. Américo da nefrologia, que me levou para a sala de cirurgia para implantar o catéter em meu pescoço para a diálise.

No caminho cruzei no corredor com meu irmão-postiço Paulo e sua esposa Maria Antônia que chegavam para me visitar.

Depois, vim a saber que colocar um cateter em um paciente com 30.000 plaquetas no sangue, que era a taxa daquele momento, era um desastre.

Ele me explicou 2 meses depois, que as chances de óbito num procedimento desses com 30.000 plaquetas era de 90%.

Porém, ou ele arriscava e me colocava o catéter para que eu iniciasse a diálise imediatamente, ou eu não passava das 14h00 ou 15h00 com vida.

Ou eu iniciava a diálise imediatamente ou estava condenado à morte.

Saí vivo da sala de cirurgia e dali fui, sem escalas, para a sala de diálise para a primeira das inúmeras sessões de 4 horas que faria nos dias seguintes.

Estávamos no sábado e o "talvez" da biópsia se tornou verdade na segunda-feira.

Fiz a biópsia no rim na segunda-feira dia 14, que comprovou a completa parada renal.

O próximo "talvez" que ouvi foi a respeito do transplante renal. Tinha ouvido que "talvez" precisasse colocar o cateter, menos de 12 horas depois lá estava eu com o cateter. Eu "talvez" precisasse de diálise, e fui para a diálise. Depois me disseram que "talvez" precisasse fazer uma biópsia renal e na segunda-feira fiz a biópsia. Depois me contaram que "talvez" precisasse de transplante renal. O que mais eu poderia pensar naquele momento?

166

Teria que fazer 4 horas de diálise diariamente e também iniciei um tratamento de Plasmaférese, um procedimento similar à diálise em que são retiradas substâncias nocivas do plasma de nosso sangue, já que meus rins não mais o filtrava.

Passei a consumir diariamente uma média de 20 bolsas de plasma do banco de sangue.

Assim sendo, do hospital enviei o seguinte *e-mail* para todos os amigos e pessoas que conheço, intitulado "Preciso de sua ajuda – Urgente!":

> *Prezados amigos,*
> *Nada como um dia após o outro!*
> *Devido ao fato de ter sido acometido por uma insuficiência renal aguda, estou internado no Hospital Alemão Oswaldo Cruz, quarto 141, sem previsão de saída.*
> *Gostaria de convidar a todos que puderem, a vir doar sangue em meu nome, pois só ontem consumi 20 bolsas de plasma e hoje já estou na segunda de sangue.*
> *A doação não dói e quem o fizer ganhará um bombom de mim futuramente, quando eu sair do hospital!!!!!*
> *Agradeço desde já a sua ajuda.*
> *Visitas são bem-vindas...*
> *Obs.: Se você for Corinthiano (Graças a Deus) ganhará uma caixa de bombons, pois o sangue é mais puro.*
> *Um grande abraço,*
> *Fauzer Simão Abrão Jr.*

Mobilizei muita gente que apareceu para doar sangue.

Amigos, família, o pessoal da equipe e assim por diante.

Cláudio, da equipe do Adriano, postou meu *e-mail* no *blog* da equipe e fez a maior campanha para que todos doassem para me ajudar. Foi um dos primeiros a doar o sangue.

Como minha hemoglobina já estava em 6, eu já estava com uma anemia profunda. Precisei receber transfusão de sangue também.

Enquanto isso, a vida de minha família sofria uma verdadeira reviravolta. Patrícia precisava se desdobrar em 3, entre ficar comigo no hospital, cuidar da casa, do seu trabalho e levar e buscar as crianças na escola. Precisei, por mais de uma vez, solicitar ajuda aos meus irmãos e amigos, entre eles o Paulo e o Leonardo, que por mais de uma vez passaram a noite comigo no hospital, para que a Patrícia pudesse ficar em casa com nossos filhos.

Foram momentos delicados em que a ajuda e a companhia de amigos fizeram a diferença. Foram momentos em que tive também conversas francas e muito marcantes com amigos como o Jorge e o Tomás. Vários amigos foram me visitar, alguns por mais de uma vez. Essas visitas e conversas marcaram muito minha memória. A equipe de enfermagem do hospital foi extremamente carinhosa, atenciosa e profissional comigo. Enfermeiros Sidnei, Érica, Benedito, Cátia, Andréa, Liege, João Marcelo (carinhosamente apelidado por nós de Daniel Alves, tal a sua semelhança com o lateral da seleção brasileira na copa do mundo que se desenrolava naquelas semanas). Todos eles capitaneados pela competentíssima Enfermeira Ruth.

Foram pelo menos 3 semanas de angústia em que meu prognóstico era uma verdadeira loteria. Conforme o Dr. Américo me explicou depois, minha situação era como se eu tivesse jogado uma moeda para cima. Se ela caísse de um lado, meus rins voltariam a funcionar. Se caísse do outro lado, eles não voltariam e eu precisaria de um transplante renal ou ficaria "preso" à diálise para o resto de minha vida.

Fiquei me perguntando depois, como isso pôde acontecer? O real motivo de minha diarreia e vômitos foi um infecção intestinal sim, porém, não por vírus e sim por bactéria.

O desleixo de meu diagnóstico e aquela receita repleta de antibióticos de nada adiantaria para mim. Vim a saber por meio de dezenas de relatos de médicos amigos que depois me disseram o real quadro que me encontrava, que enviar um paciente para casa com 2,5 de creatinina já é um erro, pois ele deveria ficar internado com soro para proteção dos rins.

Que injetar contraste em um paciente com 4,5 de Creatinina então é praticamente condená-lo à morte. Como poderiam ter feito isso comigo?

Todos os médicos para quem relatei o caso depois ficaram chocados com o tamanho do erro.

Hoje quando relato este episódio, não me esqueço de relatar minha conclusão pessoal:

"Aquele primeiro hospital, me MATOU. Aquele mesmo que há 10 anos também errou no diagnóstico da fratura do meu braço."

O Hospital Alemão Oswaldo Cruz, com sua competente equipe de nefrologia liderada pelo Dr. Américo e suportada pela sua profissionalíssima equipe de enfermagem, encabeçada pela Enfermeira Ruth, simplesmente me RESSUSCITOU. Salvou minha vida.

Não deixo de acrescentar que serei eternamente grato a estes profissionais!"

Dessa forma, passei pelo menos 25 dias em diálise, plasmaférese e transfusão de sangue diárias.

Saí do hospital por apenas 2 dias. Como se fosse um indulto de Natal de presidiários, consegui convencer os médicos a me liberarem para que eu pudesse participar de duas entrevistas de trabalho muito importantes para mim.

Só que eu teria que ir com o cateter no pescoço, minhas duas "antenas", como diziam meus filhos.

Para me preparar para a entrevista, dobrei as "antenas" para o lado, colei-as com esparadrapo cor da pele debaixo da gola da camisa do terno.

Ninguém reparou na minha maquiagem, digna de Hollywood. Vou enviar o *curriculum* da Patrícia (minha maquiadora) para os estúdios de cinema. Ela merece um Oscar de maquiagem.

Saí do Hospital num domingo pela manhã, passei o dia em casa matando as saudades da minha cachorra, na segunda fiz as entrevistas e na terça-feira fui internado novamente, sentindo muita fraqueza.

Fraqueza que me fez protagonizar uma situação ridícula no sábado à noite, anterior à minha saída do hospital. Já cansado da comida do hospital e me sentindo melhor, sugeri à Patrícia irmos jantar na lanchonete do hospital. Ainda passei pelo posto de enfermagem e brinquei com os enfermeiros de plantão, dizendo:

— Hoje é sábado à noite e vou jantar fora com minha esposa.

Fomos para a lanchonete e durante o jantar comecei a ficar tonto. A Patrícia, percebendo que fiquei catatônico, me perguntou:

— Você está bem?

— Não! – respondi já suando frio.

Ela saiu correndo da mesa para chamar a enfermagem enquanto eu via estrelas na mesa.

O garçom, ao perceber a situação, e provavelmente já acostumado com essas cenas, apenas passou pela minha mesa e retirou meu prato, dizendo:

— Vou retirar seu prato para você ficar mais à vontade.

Na verdade, o que ele quis fazer foi abrir a área para que eu não caísse com a cara no prato.

Quanto a Patrícia voltou já com o enfermeiro e a cadeira de rodas eu já estava desmaiado em cima da mesa.

Voltei para o quarto me sentindo péssimo pela situação. Na verdade, tive apenas uma queda de pressão em razão da fraqueza, nada mais que isso.

Mas foi um alerta para que a Patrícia me acompanhasse nas entrevistas da segunda-feira. Ela me acompanhou nas empresas, me aguardando na recepção, pois ninguém sabia do meu estado e eu poderia precisar de socorro a qualquer instante.

Naquele mesmo sábado ainda enviei um novo *e-mail* aos amigos com meu "boletim médico", dizendo:

> *Prezados amigos,*
> *Como vão?*
> *Após uma semana de intenso tratamento, meu quadro melhorou muito, mas ainda inspira cuidados.*
> *Amanhã receberei alvará de soltura temporária por 2 dias, para poder passar o domingo em casa e cumprir 2 compromissos profissionais inadiáveis na segunda-feira.*
> *Porém, na terça-feira pela manhã serei internado novamente para continuar o tratamento, sem prazo determinado.*

Será como aquela saída temporária de Natal que os presos têm direito. A diferença é que muitos não voltam para a cadeia, e eu voltarei direitinho na terça-feira, com risco de consequências trágicas se for desobediente.

Agradeço de coração a todos que puderam doar sangue e que vieram me visitar.

Fica o convite aos que não vieram, para que a partir de terça-feira venham fazer a doação, pois estou consumindo dezenas de bolsas de plasma do hospital, e para me visitar. E aos que já vieram, se puderem me visitar novamente.

Nessas horas, é muito bom saber que tenho amigos como vocês.

Um grande abraço,

Fauzer Simão Abrão Jr.

Quem diria que um mês e meio antes eu havia cruzado a linha de chegada de uma Maratona me sentindo um Super-Homem.

E assim os dias se passaram, batalhando com o tratamento.

Como que num milagre, 25 dias depois meus rins voltaram a dar sinal de vida e voltaram a funcionar gradativamente.

Alguns dias depois tive alta definitiva dos tratamentos e do hospital, podendo voltar para casa e iniciar o novo desafio de retomar a normalidade da vida.

Voltei para casa com a "fantástica" taxa de 12% de funcionamento renal.

Após 20 dias, estava com 30% de funcionamento e após 2 meses cheguei a 60% de funcionamento.

Nos meses que se passaram fiz um rigoroso controle dos rins até que no mês de novembro recebi a confirmação milagrosa que meus rins voltaram a 100% de funcionamento, na contramão de qualquer prognóstico.

Conforme o próprio Dr. Américo me disse na consulta de novembro, são raros os casos em que, após um quadro tão agudo e complicado como o meu, os rins voltam a funcionar em sua plenitude.

Dr. Américo também comentou que não fosse o meu preparo físico na época, quando eu tinha acabado de correr uma Maratona e estava extremamente bem condicionado, eu não teria suportado aquele quadro e minha chance de ter morrido teria sido muito maior.

Apenas 1 mês após ter saído do hospital, numa das primeiras consultas com o Dr. Américo em seu consultório é que fiquei sabendo da real gravidade do quadro e o risco que eu havia passado, após tantos erros no início do diagnóstico.

No início da consulta ele me disse:

— Agora que você já passou por tudo e voltou a se recuperar, agora que você não corre mais risco de morte, vou te contar a história verdadeira de tudo o que aconteceu.

E durante uns 20 ou 30 minutos me contou a história verdadeira, sem filtrar informações. Foi quando soube do real risco que havia passado.

Hoje, quando encontro meus amigos e me perguntam se estou plenamente recuperado, dou a seguinte resposta:

— Fisicamente estou 100% recuperado, inclusive já voltei a treinar e já estou programando minha próxima Maratona, afinal de contas, estar preparado para uma Maratona ajudou a salvar minha vida. Apenas me sobraram duas sequelas, uma cicatriz e uma alteração na visão:

— A "cicatriz" é na "Alma", pois após ter passado por tudo isso é inevitável que nos sintamos diferentes. Fiquei muito chateado, frustrado e até mesmo revoltado com o que aconteceu. Fica a lição para o resto da vida. De como devemos proceder, de quando temos que chamar nossos médicos particulares, dos cuidados que temos que ter. Nunca mais entrarei num prontoatendimento sem estar acompanhado por meu médico de confiança. Mesmo que seja para fazer um curativo numa unha encravada. A marca de ter passado por isso ficará cravada em minha alma para o resto da vida.

— A "alteração na visão" é na forma de como vejo a vida hoje. Tenho pensado muito na importância da família, do trabalho, do dia a dia, de como devemos aproveitar a vida. *Carpe Diem* poderia ser meu novo lema... A ótica pela qual enxergamos a vida após passar por um problema desses é certamente muito diferente de como enxergávamos antes.

Capítulo 15

42,195

Nasci em 21 de maio de 1968.

Hoje, dia 2 de dezembro de 2010, escrevo as últimas linhas deste livro.

No dia 21 de maio de 2010 completei 42 anos de vida.

Desse dia até hoje, completei heroicamente mais 195 dias de vida. Encerro hoje meu livro, que há 7 meses não considerava possível escrever.

Fecho-o com a aprovação de sua capa, habilmente criada por meu grande amigo Marcelo. Marcelo, irmão de João Alberto que muito me incentivou nesses últimos 3 anos. João, além de ser o dentista de toda a família é um grande amigo de mais de 40 anos. Sempre que vou a seu consultório conversamos muito e ele sempre tem uma palavra de apoio e incentivo para mim. Durante todos esses anos de luta ele sempre me incentivou a manter o ânimo e seguir adiante.

Tenho acordado diariamente, agradecendo a Deus por me dar mais um dia de vida.

Nos últimos 2 meses voltei a trabalhar, com um de meus melhores amigos, João Vicente.

42,195

Nos formamos juntos há 17 anos e mantemos nossa amizade desde então. Neste ano, devido algumas necessidades profissionais, surgiu a oportunidade de trabalharmos juntos e chegamos num acordo. Comecei a trabalhar com ele. Outro dia num almoço, contei-lhe rapidamente um resumo de toda a história, e ele, forte como uma rocha, terminou o almoço com lágrimas nos olhos.

42,195 cumpre a missão de eternizar minha história. Espero conseguir passar a mensagem de que, quando acreditamos em nós mesmos, podemos tudo.

Aprendi muitas lições nos últimos anos: lições de perseverança, determinação, trabalho em equipe, luta, disciplina. Aprendi a valorizar pequenos momentos da vida, com a família, com os filhos. Aprendi que cada momento é único. Constatei a importância de envolver a família nos meus objetivos, para que eles também participem de minhas conquistas e percebo a cada dia a importância de incentivar meus filhos na atividade física.

São 5 anos no mundo das corridas, 6 pares de tênis com mais de 500 quilômetros rodados cada um, 3.960 quilômetros e 200 metros corridos entre treinos e provas, 5 cirurgias, 2 tromboses, 2 mortes marcantes na família, vários ligamentos rompidos, 4 metros de intestinos retirados, muitas horas de fisioterapia, inúmeras consultas médicas, 87 corridas completadas, 6 vitórias contra o Urso, 12 derrotas para o Urso, 4 Maratonas completadas, 4 São Silvestres completadas, 7 Meia Maratonas completadas, 1 Insuficiência Renal aguda, muitas horas de diálise, várias novas amizades, muito suor, muitas lágrimas, muitas lições de vida e 1 certeza: valeu a pena!

Deixo aqui um agradecimento especial a todos que participaram de minha vida, contribuindo para que esta história fosse esculpida:

Adriano B. (meu mestre);
Alexandre B. A.;
Ana R.;
Augusto César de P.;
Camila G.;
Carolina M. M.;
Cláudio C. D.;
Daniel E. M.;
Denílson S. de O.;

Dr. Américo L. C. N.;

Dr. Antônio José S. Jr.;

Dr. Eduardo M.;

Dr. Érico S. de O.;

Dr. Hélio N.;

Dr. João E. N. S.;

Dr. Joselito B. B.;

Dr. Leonardo V. B. P.;

Dr. Murilo S. R.;

Dr. Osny S.;

Dr. Sylvio N. S.;

Dr. Wagner C.;

Eduardo H. de A.;

Eliana A. A.;

Enf. Andréa F. S.;

Enf. Antônio B. R.;

Enf. Cátia dos S. D.;

Enf. Érica da S.;

Enf. João Marcelo S. B. (Daniel Alves);

Enf. Liege F. M. da S.;

Enf. Maria M. R.;

Enf. Ruth L.;

Enf. Shirley M. L.;

Enf. Sidnei M. A.;

Fábio S. A.;

Flávio N. dos S. Jr.;

Garry N.;

Geórgia B. A. B.;

Gisele F. T.;

Guilherme S. B.;

Helena A. M.;

Ivan S.;

Jaison P.;

João Alberto M.;

João Vicente M. L.;

42,195

Jorge M. H.;
José J. da S.;
Krissie G. F.;
Lady;
Leonardo C.;
Lucina R.;
Luís M. M.;
Luiz Alexandre K.;
Luzinete A. do C. S.;
Marcello E. T.;
Marcelo (da Maratona de *Palm Beaches*);
Marcelo M.;
Marcelo Mauro (MM);
Marcelo S. A.;
Maria Antônia J. G. M.;
Mauricio S. A.;
Moacir P. F.;
Nercival A. R. (Bal);
Paola B. A.;
Patrícia B. A.;
Paulo César M.;
Paulo R.;
Pedro E. B. F.;
Petterson S.;
Raul G. L.;
Renata S. B.;
Renato J. E., ;
Ricardo A. B.;
Ricardo R.;
Ricardo S. C.;
Rogério R. dos S.;
Ronaldo A. de O.;
Rosângela S. dos S.;
Rubem D. D.;
Sandra N.;

Sílvia R. B. N.;
Solange A. G. V.;
Sonia A. S.;
Thiago S. F. C.;
Tomás A. G.;
Vanessa B.;
Vivian O.;
Zenos S.

... e o Urso do Cabelo Duro...

... e principalmente a **Deus**, por ter me dado mais uma oportunidade de continuar cumprindo minha missão nesta vida!

Minhas Referências

Adriano Bastos (1970-*)
Brasil

- Heptacampeão da Maratona da Disney/USA em 2003, 2005, 2006, 2007, 2008, 2009 e 2010;
- 19º lugar geral no 12º Campeonato Mundial de Atletismo de Berlim/Alemanha em 2009;
- Campeão da 26ª Maratona Internacional de Porto Alegre, 2009;
- Bicampeão da Maratona Internacional de Santa Catarina, 2008 e 2009;
- Bicampeão da Meia Maratona de Buenos Aires/Argentina, 2007 e 2008;
- Campeão do Circuito Track&Field Run Series, 2008;
- Campeão do Ranking do Circuito de Corridas Corpore, 2007;
- Campeão do Circuito Track&Field Run Series, 2007;
- Campeão da Maratona de Curitiba, 2006;
- Campeão do Circuito das Estações Adidas, 2006;
- Campeão do *Ranking* do Circuito de Corridas Corpore, 2006;
- Campeão do *Ranking* do Circuito de Corridas Corpore, 2005;
- Campeão em duplas da 12ª Maratona de Revezamento Pão de Açúcar, 2004.

42,195

Dean Karnazes (1962-*), "The Ultramarathon Man"
Estados Unidos da América

Dean Karnazes completou inúmeras provas de resistência, em sua maioria na corrida, mas também uma de natação. O mais notável foi ter corrido 135 milhas sem descanso pelo Vale da Morte debaixo de uma temperatura na casa de 49°C e uma Maratona no Polo Sul, debaixo de uma temperatura de -40°C.

Em 2006, correu 50 Maratonas em 50 dias consecutivos nos 50 estados americanos, encerrando com a Maratona de Nova Iorque, que completou com o tempo de 3h00min30s.

Outros títulos:

- Campeão Geral, *4 Deserts Race Series* em 2008;
- Ganhador do prêmio de Atleta do Ano da revista Endurance em 2005, 2006 e 2008;
- Ganhador do prêmio ESPN ESPY *Best Outdoor Athlete* em 2007;
- Vencedor do *Vermont Trail 100 Mile Endurance Run* em 2006;
- Vencedor do premio *Emmy Award* em 2005 e 2007;
- Campeão Mundial do *American Ultrarunning Team* em 2005 e 2008;
- Ganhador do *Adventure Hall of Fame* do Men's Journal em 2005;
- Vencedor da *Badwater Ultramarathon* em 2004;
- Percorreu 350 miles (560km) em 80 horas e 44 minutos sem parar em 2005;
- Percorreu 148 miles (238km) em 24 horas em esteira em 2004;
- Completou sozinho as 199 milhas (320km) da *Providian Saturn Relay* por seis vezes;
- Detentor dos 10 melhores resultados de 24 horas da *100-Mile/1 Day Silver Buckleholder* na *Western States Endurance Run* entre 1995 e 2006;
- Ganhador do prêmio *Ultimate Top 10 Outdoor Athletes* da Outside Magazine em 2004;
- Atravessou a baía de São Francisco a nado;
- Incluído na lista das 100 pessoas mais influentes da revista Time.

Emil Zátopek (1922-2000), a "Locomotiva Humana"
Tchecoslováquia

Único homem a vencer os 5.000 metros, 10.000 metros e a Maratona numa mesma Olimpíada, nos Jogos de 1952, em Helsínqui.

Emil Zátopek bateu vinte recordes mundiais em distâncias variando de 5.000 metros a 30.000 metros.

Em 1951, tornou-se o primeiro homem a correr 20km. em uma hora (20.052 metros). Participou da Maratona dos Jogos Olímpicos de 1956 em Melbourne, Austrália, apenas 45 dias depois de se submeter a uma cirurgia de hérnia e apesar do médico lhe recomendar ficar dois meses sem correr, Zátopek completou a Maratona em sexto lugar.

Emil Zátopek correu a Corrida de São Silvestre em 1953 em São Paulo e venceu a prova com facilidade.

Emil Zátopek ganhou a medalha de Pierre de Coubertin postumamente no ano 2000 em reconhecimento por sua carreira desportiva. A Medalha Pierre de Coubertin é uma honraria humanitária concedida pelo Comitê Olímpico Internacional a atletas que demonstram alto grau de esportividade e espírito olímpico durante a disputa dos Jogos.

José João da Silva (1955-*)
Brasil

- Atleta Olímpico brasileiro, finalista na Olimpíada de Los Angeles 1984;
- Bicampeão da Corrida de São Silvestre. Em 1980, quebrou um jejum de 34 anos sem vitórias de brasileiros na corrida. Em 1985, venceu novamente. Subiu ao pódio da São Silvestre por mais 3 oportunidades;
- Foi bicampeão da Meia Maratona da Independência em 1980 e 1982;

- Detentor durante 16 anos, dos recordes brasileiros dos 5.000 metros, com 13min37s04 e dos 10.000 metros, com 28min08s59;
- Formado em Educação Física pela Unib;
- Diretor da JJS Eventos, empresa especializada em Corridas de Rua.

Renato José Elias (1960-*)
Brasil

- Campeão Paulista Juvenil de Basquetebol em 1978 pelo Sírio;
- Tricampeão Paulista de Basquetebol em 1978, 1979 e 1980 pelo Sírio;
- Bicampeão Brasileiro de Basquetebol em 1978 e 1979 pelo Sírio;
- Campeão Sul Americano de Basquetebol em 1979 pelo Sírio;
- Campeão Mundial Interclubes de Basquetebol em 1979 pelo Sírio;
- Campeão pela FUPE dos Jogos Universitários de Basquetebol pela FAAP em 1984;
- Diretor de Categoria Inferiores de Basquetebol do Clube Atletico Monte Líbano de 1991 a 1997;
- Diretor de Eventos Esportivos, Lazer e Recreação da DEPEL – da Secretaria Municipal de Esportes da Prefeitura de São Paulo de 1997 a 2000;
- Formado em Engenharia Civil pela FAAP;
- Diretor da JJS Eventos-Especializada em Corridas de Rua.

Contate o Autor, Fauzer Simão Abrão Jr. em:

E-mail: FSAJ42195@hotmail.com

Twitter: @42195_FSAJ

Blog: http://42195fsaj.wordpress.com

Este livro, composto nas tipologias Calluna e Diavlo,
foi impresso pela Sermograf sobre papel offset 75g/m²
para a Ícone Editora em março de 2011